Getäuscht, verkauft, missbraucht

Claudia Berker
Hans-Martin Große-Oetringhaus
(Hrsg.)

GETÄUSCHT VERKAUFT MISSBRAUCHT

Reportagen und Hintergründe
zum weltweiten Kinderhandel

terre des hommes
Rotpunktverlag

Umschlagfoto: Jörg Böthling/agenda
(Kinderarbeit in einem indischen Steinbruch)
Druck und Bindung: fgb · freiburger graphische betriebe · www.fgb.de
ISBN 3-85869-252-2
1. Auflage

INHALT

VORWORT

Kinder, die wie eine Ware gehandelt werden – schlimm genug, dass es dies einmal gegeben hat. Aber heute, zu Beginn des 21. Jahrhunderts? Es erscheint unvorstellbar und ist doch bittere Realität für Millionen von Mädchen und Jungen überall auf der Welt. Um sie soll es in diesem Buch gehen: um Kinder in Afrika, Asien und Lateinamerika, aber auch mitten in Europa, die Opfer dieses ebenso skrupellosen wie gewinnträchtigen Geschäfts geworden sind.

Es geht aber auch um die Täter, um die Familien hinter den verkauften Kindern und nicht zuletzt um die Ausgangsbedingungen und Strukturen, die den Menschenhandel überhaupt erst möglich machen.

Nach einer Einführung, die einen ersten Überblick liefert, nähern sich die Autorinnen und Autoren dem Thema auf unterschiedliche Weise: Gemein ist allen Texten, dass sie keine umfassende wissenschaftliche Abhandlung liefern wollen, sondern menschliche Schicksale in den Vordergrund stellen. Reportagen und Erfahrungsberichte werden ergänzt durch einige fiktive Texte, aber auch Faktenübersichten zu Kinderhandel in den verschiedenen Regionen der Welt. So soll ein sehr komplexes Thema mit der nötigen Differenzierung, aber gleichzeitig möglichst anschaulich dargestellt werden.

Entstanden ist die Idee zu einem solchen Buch aus der Arbeit des Kinderhilfswerks terre des hommes, das im Herbst 2001 die Internationale Kampagne »Stoppt Kinderhandel« gestartet hat. Einige Texte und viele Hintergrundinformationen stammen aus dieser Kampagne und den Erkenntnissen, die in ihrer Vorbereitung und

Durchführung gesammelt wurden. Dennoch kann diese Darstellung natürlich nicht allen Facetten des Kinderhandels gerecht werden und auch nicht alle Initiativen gegen dieses Verbrechen würdigen.

STOPPT KINDERHANDEL

Deutlich wird jedoch: Der Handel mit Kindern hat alarmierende Ausmaße angenommen. Er stellt eine der verabscheuungswürdigsten Menschenrechtsverletzungen überhaupt dar und zerstört alljährlich das Leben unzähliger Mädchen und Jungen.

Umso wichtiger ist es, dass möglichst viele Menschen von der Existenz dieses Verbrechens erfahren. Nur solange Unkenntnis herrscht, solange die Ausbeutung von Kindern hingenommen wird, solange Staaten sich aus mangelndem politischem Druck ihrer Verantwortung zu handeln entziehen, nur so lange kann das Geschäft mit der Ware Kind weiter florieren. Dieses Buch möchte einen Beitrag zu mehr Information und Aufklärung leisten. Und es ist zu hoffen, dass es für immer mehr Menschen ein Anstoß ist, sich am Kampf gegen Kinderhandel zu beteiligen. Denn Kinder sind keine Ware.

Claudia Berker, Hans-Martin Große-Oetringhaus

Den Autorinnen und Autoren, die zugunsten der Arbeit von terre des hommes auf ihr Honorar verzichten, sei an dieser Stelle besonders gedankt.

GERINGE INVESTITION, HOHE RENDITE: HANDELSWARE KIND

Eine Einführung

Von Claudia Berker

»Ein Kind kostet fünfzig Mark«, »Afrikas verschleppte Kinder«, »Kindersklaven, die neue heiße Ware«, »4000 albanische Kinder verkauft«: Hinter diesen Schlagzeilen aus der Presse der letzten zwei Jahre verbergen sich reale Schicksale. Zum Beispiel das von Sok, einem 10-jährigen kambodschanischen Mädchen. Es wurde als Prostituierte in ein thailändisches Bordell gebracht – obwohl sie in Bangkok nur Süßigkeiten verkaufen wollte. Zum Beispiel das von Amidou: Der 14-jährige Malier wurde von einem Plantagenbesitzer in der Elfenbeinküste gekauft, der ihn zwei Jahre lang als Arbeitssklave ohne Lohn, aber mit großer Brutalität ausbeutete.

Tatsache ist: Mit Kindern wird weltweit ein florierender Handel getrieben. In die westeuropäische Öffentlichkeit gelangte diese schockierende Erkenntnis spätestens, als im April 2001 die Medien über ein Schiff mit Namen »Etireno« berichteten, das angeblich verkaufte Kinder an Bord hatte. Sie waren den Berichten zufolge bestimmt, als Arbeitskräfte in Gabun eingesetzt zu werden. Es stellte sich heraus, dass unter den 139 Passagieren, die auf Arbeitssuche illegal nach Gabun reisen wollten, 43 Kinder und Teenager waren. Diese afrikanischen Jungen und Mädchen sorgten dafür, dass sich erstmals eine breite Öffentlichkeit einem Thema zuwandte, dessen Dimensionen seit den späten 1980er-Jahren zunächst in Fachkreisen allmählich offenbar geworden waren: Wie die Kinder der »Etireno« fallen Jahr für Jahr Altersgenossen weltweit Kinderhändlern zum Opfer. Sie werden wie eine Ware gekauft, benutzt und oftmals auch entsorgt.

Was heißt Kinderhandel?

Wenn in diesem Buch von Kinderhandel gesprochen wird, geschieht dies mit Bezug auf eine Definition des Büros der Vereinten Nationen für Drogenkontrolle und Kriminalitätsverhütung (UN Office for Drug Control and Crime Prevention, ODCCP). Gemäß dem vom ODCCP im Dezember 2000 in Palermo verabschiedeten Protokoll zur Bekämpfung des Menschenhandels, insbesondere mit Frauen und Kindern, heißt es: »[Menschenhandel ist] die Anwerbung, Beförderung, Verbringung, Beherbergung oder der Empfang von Personen durch die Androhung oder Anwendung von Gewalt oder anderen Formen der Nötigung, durch Entführung, Betrug, Täuschung, Missbrauch von Macht oder Ausnutzung besonderer Hilflosigkeit oder durch Gewährung oder Entgegennahme von Zahlungen oder Vorteilen zur Erlangung des Einverständnisses einer Person, die Gewalt über eine andere Person hat, zum Zweck der Ausbeutung.«

Diese im sperrigen UN-Vokabular verfasste Definition beschreibt den Vorgang, der der späteren Ausbeutung vorausgeht – den Handel: Mittelspersonen verheißen mit der Aussicht auf Geld, auf eine Ausbildung oder eine interessante Stelle ihrem Opfer ein besseres Leben und transportieren es, bei Kindern oft mit Zustimmung der – teilweise ebenfalls getäuschten – Eltern, an einen ihm unbekannten Ort. Dieser kann sich im Heimatland befinden oder auch außer Landes und sogar auf anderen Kontinenten. Die Vermittler oder Händler arbeiten auf eigene Rechnung oder als Teil eines organisierten kriminellen Netzwerkes. Ziel ist immer der wirtschaftliche Gewinn durch den Missbrauch der Opfer.

Die hier beschriebenen Abläufe sind repräsentativ für die Mehrzahl der Fälle von Kinderhandel. Ihnen folgen verschiedene Formen der Ausbeutung, die unter Schlagworten wie Kinderarbeit, Kinderprostitution und -pornografie oder Zwangsheirat bekannt sind: Kinder müssen auf Plantagen, in Fabriken oder Haushalten schuften, werden in Bordelle verkauft, für Pornoproduktionen missbraucht, als Diebe, Bettler und Drogenkuriere oder in Armeen eingesetzt. Mädchen gelangen ins Angebot eines kommerziellen Heiratsmarktes, Jungen als Kameljockeys in die Golfstaaten.

Ein Bedarf an Kindern besteht außerdem in einem ganz anderen Bereich, der kommerziellen Adoption: In vielen westlichen Ländern gibt es mehr Paare, die ein Kind adoptieren wollen, als Babys, für die Eltern gesucht werden. Aus dieser Nachfrage hat sich ein Markt entwickelt, auf dem Kinder an den offiziellen Adoptionsstellen vorbei gegen hohe Summen vermittelt werden. Dubiose Organisationen und gewissenlose Anwälte oder Vermittler sorgen dafür, dass der Nachschub nicht abreißt. Selbst wenn dafür Kinder geraubt oder die leiblichen Mütter unter Druck gesetzt werden.

Wie viele Kinder – und der Begriff bezieht sich im Sinne der von fast allen Staaten der Welt unterzeichneten UN-Konvention über die Rechte des Kindes auf Personen bis zur Vollendung des 18. Lebensjahres – diesem skrupellosen Verbrechen zum Opfer fallen, lässt sich nicht mit Bestimmtheit sagen. Es liegt in der Natur dieses illegalen, im Verborgenen stattfindenden und strafrechtlich bislang kaum erfassten Geschäfts, dass verlässliche Statistiken fehlen. Die existierenden Schätzungen vermögen daher die Dramatik des Phänomens nur anzudeuten: So geht die Europäische Union davon aus, dass allein 2 Millionen Frauen und Kinder jährlich grenzüberschreitend im Prostitutionsgewerbe gehandelt werden, davon eine halbe Million in den EU-Ländern. Nach Angaben der Internationalen Arbeitsorganisation (ILO) werden in Südostasien etwa 250 000 Frauen und Mädchen im Jahr Opfer von Menschenhandel. Etwa 200 000 Mädchen und Jungen sollen den Vereinten Nationen zufolge in Afrika von Kinderhandel betroffen sein. UN-

Experten vermuten, dass der Menschenhandel inzwischen fast so lukrativ geworden ist wie der Handel mit Drogen – die niedrigste Schätzung liegt hier bei 7 Milliarden Dollar Gewinn jährlich.

Die enormen Gewinnspannen im Geschäft mit der Ware Mensch lassen sich mit einer ebenso einfachen wie zynischen Rechnung untermauern: Ein Mädchen aus Nepal wird für etwa 200 Dollar an einen Zuhälter verkauft. Für die Entjungferung dieses Mädchens zahlen Männer leicht das Doppelte. Ihr weiterer »Gebrauch« bringt etwa 20 Dollar pro Kunde, mit zunehmender »Abnutzung« etwas weniger, aber bei nicht selten zehn Freiern pro Tag immer noch genug, um in kürzester Zeit Profitmargen von mehreren hundert Prozent gegenüber dem ursprünglichen Kaufpreis zu erzielen.

Die Opfer des Kinderhandels können nur verlieren: Sie sind gefangen in einem Martyrium aus körperlicher und seelischer Gewalt, Demütigung, Angst und völliger Entrechtung. Schaffen sie es doch, sich aus der Abhängigkeit zu befreien, oder sind sie schlicht nutzlos geworden, leiden die Kinder unter Traumatisierungen und schweren Krankheiten. Für manche gibt es nicht einmal einen Weg zurück: Sexuell ausgebeutete Kinder werden in einigen Kulturen zu Verstoßenen, andere schämen sich, weil sie ihren Familien nicht das erhoffte Geld bringen können. Kinder, die schon mit vier Jahren verkauft wurden, können sich nicht mehr erinnern, woher sie überhaupt kommen. Unzählige Jungen und Mädchen bezahlen die Strapazen der jahrelangen Ausbeutung sogar mit ihrem Leben.

Kinderhandel – kein Problem nur der Entwicklungsländer

Kinderhandel findet weltweit statt – Jungen und Mädchen werden über Länder und Kontinente hinweg transportiert und tauchen auf Fischerbooten in Indonesien ebenso auf wie auf bundesdeutschen Einkaufsstraßen. Eine »Gesetzmäßigkeit« durchzieht die vielfältigen Transportwege allerdings: Der Handel erfolgt in der Regel entlang eines Wohlstandsgefälles: Kinder aus sehr armen Ländern, zum Beispiel Kambodscha, gelangen in die reicheren Nachbarländer wie Thailand. Thailändische Mädchen wiederum werden in reichere Industriestaaten, zum Beispiel die USA, verkauft.

Die folgende Grafik vermittelt einen ungefähren Eindruck von den Grenzen und Kontinente überschreitenden Menschen-Handelsrouten: Sie basiert auf Studien in den Projektregionen von terre des hommes

Grafik: agentur sec

Aber nicht nur die Präsenz gehandelter Kinder selbst ist es, die das Problem auch in europäischen Haushalten sehr real werden lässt: International vertriebene Produkte wie Fußbälle, Schokolade, Teppiche oder Schmuck werden teilweise mit Hilfe von Kinderarbeitern erzeugt, die zuvor an die diversen Produktionsstätten verkauft worden sind. So konsumieren Menschen hierzulande Waren, die ohne den Einsatz verkaufter Kinder nicht so billig sein könnten, und unterstützen zumeist unwissentlich Unternehmen, die einen Teil ihrer Gewinne auf Kosten von Kindern machen. Umso wichtiger ist der Ausbau von Initiativen wie zum Beispiel Rugmark, das

Siegel für Teppiche vergibt, die ohne Kinderarbeit hergestellt wurden. Unternehmen müssen bei der Überwachung der Produktionsbedingungen künftig weit stärker in die Pflicht genommen werden.

Kinderhandel und Sklaverei

In der Diskussion über das Schicksal gehandelter Kinder – den Adoptionskinderhandel einmal ausgenommen – fallen immer wieder Vergleiche mit den Praktiken des Sklavenhandels; es ist von »Kindersklaven« oder »moderner Sklaverei« die Rede. In der Tat sind die Übergänge fließend: Gehandelte Kinder landen in sklavenähnlichen Arbeitsverhältnissen – etwa auf den Plantagen Westafrikas. Mädchen, die in die Prostitution gezwungen wurden, sind Sexsklavinnen, im Besitz des Bordellinhabers. Diese Kinder werden gegen ihren Willen festgehalten, sie sind der Willkür ihrer Ausbeuter ausgesetzt, ohne Anspruch auf Lohn oder eine menschenwürdige Behandlung. Doch es gibt Unterschiede zum Sklavendasein, wie es charakteristisch für die Kolonialzeit war: Angaben von Anti Slavery International zufolge gibt es heutzutage mehr als doppelt so viele Sklaven wie zu Zeiten des transatlantischen Sklavenhandels im 18. und Anfang des 19. Jahrhunderts – 27 Millionen schätzt die Organisation, andere sprechen gar von 200 Millionen.

Zur damaligen Zeit waren Sklaven ein kostbares Gut. Sie waren teuer in der »Anschaffung« und dies garantierte ihnen zumindest eine so verantwortungsvolle Behandlung, dass ihr Einsatz als Arbeitskraft für eine lange Zeit gesichert blieb.*

Moderne Sklaven – und dazu zählen erwachsene Männer und Frauen ebenso wie Kinder – sind in einer ungleich schwächeren Position: Sie sind Massenware, im Übermaß verfügbar, leicht ersetzbar und dementsprechend von geringem Wert. Das bedeutet zum Beispiel, dass ein im Bordell erkranktes Mädchen jederzeit auf

* Eine ausführliche Analyse der Entwicklung der Sklaverei über die Jahrhunderte liefert der Soziologe Kevin Bales in dem Buch *Die neue Sklaverei* (München, 2001).

die Straße geworfen werden kann, denn der Nachschub an neuer billiger Ware reißt nie ab.

Ende der 1990er-Jahre äußerte sich der damalige südafrikanische Erzbischof und Friedensnobelpreisträger Desmond Tutu schockiert über die Existenz der vielfältigen Formen von Sklaverei: »Man würde es nicht erwarten. Man hält einfach nicht für möglich, dass dies unter modernen Bedingungen überhaupt passieren kann.« Wie Desmond Tutu geht es vielen Menschen, die glauben, derart barbarische Praktiken gehörten einer Vergangenheit an, die die Gesellschaften glücklicherweise in ihrem fortschreitenden Zivilisationsprozess hinter sich gelassen haben. Dabei sind es gerade die wirtschaftlichen und sozialen Bedingungen des beginnenden 21. Jahrhunderts, die den Handel mit Menschen und ihre rücksichtslose Ausbeutung begünstigen.

Ursachen und Hintergründe

– *Ökonomisches Ungleichgewicht und Globalisierung:* Armut ist die Wurzel des Kinderhandels. Eltern, die ihre Kinder nicht mehr ernähren können, werden kaum eine Geldsumme ausschlagen, die ihnen sonst in einem ganzen Jahr nicht zur Verfügung stünde. Sie wie auch die Kinder selbst, die unbedingt ihre Familien unterstützen wollen, sind nur allzu gern bereit, den Versprechungen der Schlepper und Vermittler von einer aussichtsreichen Zukunft in der Stadt oder in einem anderen Land Glauben zu schenken. Zwar sind sich auch in vielen Fällen Eltern durchaus bewusst, dass sie ihre Tochter oder ihren Sohn in Arbeitsverhältnisse geben, die mit einem besseren Leben nichts zu tun haben. Doch auch hier gilt, dass die wirtschaftliche Not die zentrale Motivation darstellt.
  Aus diesem Grund ist es wichtig, auch die scheinbar freiwillig eingegangene Abmachung mit den Mittelspersonen in die Erfassung von Kinderhandel mit einzubeziehen. Denn die wahren Arbeitsbedingungen sind den Opfern im Vorfeld nie bewusst.

Und was heißt freiwillig, wenn die Alternative darin besteht, mit Krankheit und Hunger zu leben?
Der Prozess der Globalisierung hat dazu beigetragen, das ökonomische Ungleichgewicht in vielen Regionen noch zu verschärfen. Und ein System von Angebot und Nachfrage zu etablieren, von dem nur eine Minderheit profitiert: Dort, wo die Wirtschaft wächst, entsteht ein großer Bedarf an Dienstleistungen und billigen Arbeitskräften. Die Arbeitsbedingungen diktiert der Markt: Niemand wird Sozialstandards und Mindestlöhne einfordern, wenn er weiß, dass er jederzeit durch jemanden ersetzt werden kann, der weniger Ansprüche stellt. Erst recht kein Kind. Kinderarbeiter sind zwar weniger produktiv als Erwachsene, sie können jedoch teilweise ganz ohne Lohn und mit nur geringem Aufwand an Verpflegung ausgebeutet werden.
Die Globalisierung hat außerdem die operativen Bedingungen für einen weltweiten Menschenhandel geschaffen: Sich öffnende Grenzen, bessere und schnellere Transportmöglichkeiten sowie moderne Kommunikationstechnologien lassen auch Menschen zu relativ problemlos verschiebbaren Gütern werden.
Nicht zuletzt ist auch der Anstieg des internationalen Tourismus Teil dieser Entwicklung. Eine Schattenseite der fast globalen Reisefreiheit ist der wachsende Sextourismus: Hier fallen Armut auf der einen und ein Bedarf an billigem Sex mit jungen Frauen und Kindern auf der anderen Seite zusammen und bilden eine gewinnträchtige Ausgangsbasis für Schlepper, Händler, Barbesitzer und andere Profiteure der Armut.
Zwar ist die Verbindung von Kinderhandel und Tourismus am stärksten im Bereich der sexuellen Ausbeutung sichtbar, aber die Reiselust wohlhabender Ausländer begünstigt auch die Ausbeutung von Kindern zu illegalen Tätigkeiten wie Betteln oder Drogenhandel. Außerdem gibt es Handel mit Kindern zu Dienstleistungen im informellen Sektor: In Wäschereien und Restaurants arbeiten Kinder; Kinder verkaufen außerdem Sü-

Vielseitig verwendbar: Kinder müssen auf Plantagen, in Fabriken oder Haushalten schuften, werden sexuell ausgebeutet oder, wie dieser indische Junge, als Bettler eingesetzt. Foto: Theodoric Dom

ßigkeiten, Gemüse und anderes auf den Märkten, putzen Schuhe oder waschen Autofenster.
So macht eine ungleiche Verteilung von Wohlstand die einen zu Opfern, die nichts mehr verkaufen können als sich selbst, und die anderen zu Ausbeutern, die sich mit ihrem relativen Reichtum bewusst oder unbewusst diese Abhängigkeit zunutze machen.

- *Kultureller Kontext:* Kinderhandel ist kein neues Phänomen. Bereits aus vergangenen Jahrhunderten ist der Verkauf von Mädchen in die sexuelle Sklaverei oder von Jungen als Arbeitskräfte für Landwirtschaft und Gewerbe dokumentiert. Neu sind die Ausmaße, die das Phänomen angenommen hat. Und verändert haben sich die Einsatzbereiche für gehandelte Kinder wie auch die geografischen Distanzen, die beim Transport überwunden werden.
  Es gibt allerdings Kontinuitäten im kulturellen Hintergrund vieler Kinder, die diesen Prozess begünstigen. So ist es in einigen Ländern Afrikas, Asiens und Lateinamerikas selbstverständlich, dass Kinder schon früh zum Familieneinkommen beitragen. Kinder gelten demnach als Arbeitskräfte, die eine Verantwortung gegenüber ihrer Familie haben. Für westafrikanische Jungen beispielsweise ist es von je her normal und sogar Teil ihres Sozialisationsprozesses, ihre Heimat für eine gewisse Zeit zu verlassen, um in reicheren Nachbarländern Arbeit zu finden.
  Insbesondere für Mädchen war es immer schon üblich, bei teilweise sehr entfernten Verwandten untergebracht zu werden und dort eine Zeit lang zu leben und zu arbeiten. Der Austausch von Geschenken oder andere Formen von Entlohnung für diese Dienste innerhalb der erweiterten Familie sind ebenfalls Teil des Systems.
  Derartige Strukturen und Traditionen – die gesellschaftliche Akzeptanz von Wanderarbeit Jugendlicher oder der Platzierung

von Mädchen in fremden Haushalten – finden ihre pervertierte Entsprechung im Kinderhandel: Schlepper sprechen Arbeit suchende Jugendliche aus Mali an und vermitteln sie weiter an Plantagenbesitzer in der Elfenbeinküste. Kehren sie ohne Lohn und Geschenke nach Hause zurück, empfinden sie Scham und fühlen sich als Versager. Mädchen landen bei vermeintlichen Verwandten, denen sie ohne Kontakt zu ihrer eigentlichen Familie hilflos ausgeliefert sind. Teilweise führt ihre häufig unfreiwillige Reise bis nach Europa, wo sie bis an die Grenze der Belastbarkeit als Hausangestellte ausgenutzt werden.
Kulturell bedingt ist auch die Diskriminierung von Frauen und Mädchen. Sie sind in vielen Regionen, zum Beispiel Indien und Südostasien, weniger wert als Jungen und werden demzufolge gegenüber Jungen deutlich benachteiligt. Dies zeigt sich beispielsweise bei der Schulbildung: Immer noch sind mehr als 80 Prozent der 130 Millionen Kinder in den Entwicklungsländern, die keine Grundschulbildung erhalten, Mädchen. Oft erfahren sie schon in der Familie (sexuelle) Gewalt. Ihr geringer sozialer Status innerhalb stark patriarchalischer Gesellschaften lässt sie damit leichter zu Opfern von Kinderhandel werden als Jungen. Erschwerend kommt hinzu, dass Prostitution häufig gesellschaftlich akzeptiert ist und der Bedarf an neuer Ware nie abreißt. Dieser Bedarf bezieht sich zunehmend auf immer jüngere Mädchen. Interviews mit Sextouristen in Südafrika Mitte der 1990er-Jahre haben zum Beispiel ergeben, dass diese Kinder auswählen, weil sie unverbrauchter, billiger und williger sind als Erwachsene. Außerdem hätten sie seltener Geschlechtskrankheiten. Je nach Nationalität glauben Männer auch, Sex mit Kindern und Jungfrauen heile von Krankheiten wie Aids.
Verwundbar aufgrund gesellschaftlicher Diskriminierung sind auch Angehörige ethnischer Minderheiten. Da ihnen der soziale Aufstieg schon aufgrund ihrer Herkunft meist verwehrt ist, leben solche Familien in großer Armut und außerhalb jeglichen

Schutzes durch ein gesellschaftliches Umfeld. Damit sind sie leichte Beute im Visier der Kinderhändler.
Ein Beispiel dafür, wie regionale und kulturelle Besonderheiten die Basis für Menschenhandel bilden können, ist der Devadasi-Kult in Indien: Nach einem wahrscheinlich schon aus dem 10. Jahrhundert stammenden Brauch werden Mädchen zwischen fünf und neun Jahren in einer Tempelzeremonie mit einer indischen Gottheit verheiratet. Danach müssen die Mädchen, die meist aus unteren Kasten stammen, den Männern als Prostituierte zur Verfügung stehen – ein Status, aus dem sie sich oft nie mehr befreien können. Zehntausende Mädchen, so Schätzungen verschiedener Organisationen, werden so alljährlich in die Prostitution gezwungen. Viele Eltern verkaufen ihre Töchter an lokale Tempel, weil sie hoffen, dadurch ein glücklicheres Leben führen zu können.

– *Mangelnde Bildung und Information:* Kinderhändler finden ihre Opfer zumeist in dörflichen Gegenden mit niedrigem Bildungsstand und großer Unkenntnis über die tatsächlichen Lebensbedingungen in den Städten, in die ihre Kinder gebracht werden. Es fehlt an Aufklärung über die Gefahren des Kinderhandels, stattdessen sprechen sich Erfolgsgeschichten von Heimkehrern herum, die es in der Fremde zu Wohlstand gebracht haben sollen. Mädchen, die als Prostituierte arbeiten, tauchen gut gekleidet in ihren Heimatdörfern auf, um nun selbst Mädchen anzuwerben. Mangelnde Bildungschancen vor Ort sind außerdem dafür verantwortlich, dass Kinder – weil es an einer qualifizierten Ausbildung fehlt – später kaum die Aussicht haben, eine ausreichend bezahlte Stelle zu finden. Sie sind gezwungen, als ungelernte Kräfte in Städte abzuwandern, um dort ihr Auskommen zu finden – eine Situation, die wiederum leicht in die Ausbeutung führt.
– *Politische Umbrüche und Krisensituationen:* Der Zusammenbruch der staatlichen Ordnung führt häufig zu massiven Wan-

derungsbewegungen großer Bevölkerungsgruppen, zum Beispiel von Dörfern in die Städte oder in andere Länder. Soziale Gefüge brechen auseinander, Menschen verlieren ihre Existenzgrundlage. Weltweit sollen etwa 40 Millionen Menschen auf der Flucht sein, die Hälfte von ihnen sind Kinder. Entwurzelt und schutzlos, sind sie nicht imstande, sich gegen die Ausnutzung ihrer Notlage zur Wehr zu setzen. In den Bürgerkriegsländern Angola und Sierra Leone zum Beispiel werden Kinder verschleppt und in Bürgerkriegsarmeen eingesetzt. Politische Umwälzungen gehen außerdem einher mit einem Anstieg von Kriminalität; staatliche Kontrollmöglichkeiten und Instrumentarien zum Schutz der Bevölkerung sind, wie etwa bei Bürgerkriegen, zwangsläufig außer Kraft gesetzt. So stieg der Handel mit Frauen und Mädchen im Zuge der Kriege auf dem Balkan sowie des Zusammenbruchs der ehemaligen Sowjetunion im letzten Jahrzehnt dramatisch an: Die Internationale Organisation für Migration (IOM) schätzt, dass etwa 175 000 Frauen und Kinder in Ost-, Mittel- und Südosteuropa jährlich verkauft werden, hauptsächlich zum Zweck der sexuellen Ausbeutung.

- *Naturkatastrophen oder Wirtschaftskrisen:* Für Menschen, die ohnehin bereits am Existenzminimum leben, können solche Ereignisse der letzte Auslöser dafür sein, ihre Kinder zu verkaufen. Auch Entführungen von Kindern sind in derartigen Situationen von Chaos und existenziellen Nöten keine Seltenheit.
- *Mangelhafte Strafverfolgung:* Kinderhandel floriert, weil zu viele Menschen wegschauen – gerade die, die eigentlich dafür sorgen sollten, dass Verbrechen verfolgt und Menschenrechte gewahrt bleiben: Polizisten, Rechtsanwälte, Grenzbeamte, Politiker, sie alle profitieren häufig vom Geschäft mit Menschen, statt es zu bekämpfen. Behördenvertreter sind korrupt oder selbst aktiv am Kinderhandel beteiligt, um ihr mageres reguläres Einkommen aufzubessern. Kambodscha oder Albanien

können hier stellvertretend stehen für viele weitere Länder. Die Bekämpfung des Kinderhandels steht zudem auf der politischen Prioritätenliste nicht sehr weit oben, zumal es an den entsprechenden gesetzlichen Grundlagen fehlt. In vielen Ländern gehen Kinderhändler straffrei aus, weil ihr Vergehen kein Straftatbestand in der nationalen Gesetzgebung ist. Eine lückenhafte Gesetzgebung und eine technisch wie finanziell mangelhafte Ausstattung der Strafverfolgungsbehörden tun ihr Übriges, das profitable Geschäft gedeihen zu lassen.

Veränderungen sind möglich

Obwohl angesichts der horrenden Zahlen gehandelter Kinder, der hohen kriminellen Energie sowie der ausgefeilten Logistik, mit der dieses Verbrechen weltweit begangen wird, der Kampf gegen Kinderhandel an eine David-Goliath-Konfrontation erinnert, kann ein weiteres Wachstum dieser »Branche« gestoppt werden.

Dabei kommt der Aufklärung der Bevölkerung in den Sende- wie Empfängerländern gehandelter Kinder eine zentrale Bedeutung zu. Daher ist es positiv zu bewerten, dass sich die Medien in den vergangenen zwei Jahren verstärkt dem Thema zugewandt haben. Nur so kann eine breite öffentliche Aufmerksamkeit auf die eklatante Verletzung von Kinderrechten gelenkt werden. Eine intensivere Berichterstattung wie auch Aufklärungsveranstaltungen zum Thema, wie sie beispielsweise Mitarbeiter von Hilfsorganisationen in den Herkunftsländern gehandelter Kinder durchführen, haben außerdem eine vorbeugende Wirkung: Menschen sind gewarnt, die Gefahren des Kinderhandels sprechen sich herum und der Druck auf Entscheidungsträger wächst, den Schutz für Kinder zu verbessern und Kinderhandel konsequenter zu verfolgen.

Gerade an diesen Punkten besteht großer Handlungsbedarf: Bislang gehen immer noch viele Täter straffrei aus, weil Kinderhandel als Verbrechen in der nationalen Gesetzgebung überhaupt nicht auftaucht, weil das Rechtssystem Schlupflöcher bietet oder

Geringer Wert, niedriger sozialer Status: Mädchen, insbesondere Angehörige ethnischer Minderheiten wie etwa der Adivasi in Indien, sind stärker gefährdet, Opfer von Kinderhandel zu werden. Foto: Theodoric Dom

weil bestehende Gesetze nicht konsequent angewandt werden. Dabei ist zumindest auf internationaler Ebene längst ein verbindlicher Handlungsrahmen geschaffen worden. So fordert bereits das »Übereinkommen über die Rechte des Kindes (UN-Kinderrechtskonvention)« von 1989, der alle Staaten der Erde bis auf die USA (Stand: Januar 2003) beigetreten sind, die Vertragsstaaten auf, »alle geeigneten innerstaatlichen, zweiseitigen und mehrseitigen Maßnahmen« zu treffen, »um die Entführung und den Verkauf von Kindern sowie den Handel mit Kindern zu irgendeinem Zweck und in irgendeiner Form zu verhindern« (Artikel 35).

Weitere völkerrechtliche Grundlagendokumente, die für die Bekämpfung des Kinderhandels relevant sind, schließen die Konvention 182 der Internationalen Arbeitsorganisation (ILO) über die schlimmsten Formen der Kinderarbeit, das »Haager Übereinkommen über die Zusammenarbeit und den Schutz von Kindern auf dem Gebiet der grenzüberschreitenden Adoption« sowie das »Protokoll zur Verhütung, Unterdrückung und Bestrafung des Handels mit Menschen, insbesondere Frauen und Kindern« des eingangs erwähnten UN-Büros für Drogenkontrolle und Kriminalitätsverhütung (ODCCP) ein.

An internationalen Abkommen zum Schutz von Kindern mangelt es also nicht – doch diese müssen von allen Staaten ratifiziert und vor allem konsequent umgesetzt werden.

Angesichts der Schwere des Vergehens lautet eine weitere Forderung von Hilfswerken wie terre des hommes, Kinderhandel als Verbrechen gegen die Menschlichkeit einzustufen. Gerade im Hinblick auf den im Aufbau befindlichen internationalen Strafgerichtshof ergeben sich hier bisher nicht da gewesene Möglichkeiten, den Handel mit Kindern grenzüberschreitend und außerhalb der Beschränkungen nationaler Gesetzgebungen zu ahnden.

Es fehlt jedoch nicht nur an einer konsequenten Strafverfolgung, sondern auch an einem angemessenen Umgang mit den Opfern von Kinderhandel. So dürfen Polizei und Justiz Jungen und

Mädchen, die zu illegalen Tätigkeiten gezwungen wurden, nicht als Kriminelle verfolgen. Sie sind Opfer, nicht Täter. Sie brauchen Unterstützung beim Start in ein neues Leben, rechtlichen Beistand und Entschädigungen für das erlittene Leid.

In Zielländern des Kinderhandels, wie etwa in der Europäischen Union, fehlt es meist an einem angemessenen Zeugen- und Abschiebeschutz für Kinder. Kindspezifische Zeugenschutzprogramme würden es ermöglichen, mehr Täter als bislang zur Rechenschaft zu ziehen. Andernfalls wagen Opfer von Kinderhandel es nicht, gegen ihre Ausbeuter auszusagen. Zu groß ist die Angst vor der Macht dieser Menschen, von denen sie allzu lange misshandelt und bedroht wurden. Aufgrund restriktiver Asyl- und Ausländergesetze hat die schnelle Abschiebung »illegaler« Kinder jedoch häufig Vorrang vor einer möglichen Verurteilung der Hintermänner.

Zurück im Heimatland fehlt es meistens an Einrichtungen, die sich angemessen um die Rückkehrer kümmern. Nicht selten werden sie daher ein weiteres Mal von Schleppern oder Händlern aufgegriffen und ihr Martyrium beginnt von neuem. Aufnahmeeinrichtungen für unbegleitete Minderjährige in Deutschland berichten von Mädchen, die gegen ihren Willen wieder in ihre Heimatländer abgeschoben wurden und dann an anderen Orten wieder auftauchten, wo sie zur Prostitution gezwungen wurden. Daher ist es unabdingbar, dass Behörden eine begleitete Rückkehr und Wiedereingliederung in den Herkunftsländern sicherstellen. Je nach Fall sollte es auch möglich sein, dass die Opfer von Kinderhandel zumindest eine begrenzte Zeit im Land bleiben dürfen, zum Beispiel, um eine Ausbildung abzuschließen, bevor sie in ihre Heimat zurückkehren.

Dass Kinder allzu schnell als illegale Straftäter abgestempelt und abgeschoben werden, ist zum Teil einer mangelnden Schulung und Information aufseiten der zuständigen Behörden zuzuschreiben. Kinderhandel ist kriminalstatistisch kaum erfasst und wird oft als Delikt gar nicht erkannt: Stattdessen fallen Kinder, wie etwa in Deutschland, bei Diebstählen auf, sind nirgends gemeldet, haben falsche Dokumente oder machen sich auf andere Weise strafbar. Die Geschichte hinter dem Delikt – der Handel – wird übersehen.

Um das Ausmaß von Kinderhandel zu dokumentieren, bedarf es weiterhin nationaler wie internationaler Meldestellen. Die Registrierung von Fällen erleichtert die Suche und Identifizierung vermisster Kinder und ermöglicht ein gezielteres Vorgehen gegen den Handel.

Im Blick auf juristische Nachbesserungen und den Umgang mit den Opfern von Kinderhandel hat sich in den letzten Jahren bereits einiges bewegt – im Süden wie im Norden. Durch zwischenstaatliche Abkommen wollen etwa Mali und die Elfenbeinküste dem Handel mit Kinderarbeitern gemeinsam einen Riegel vorschieben. Die Regierung Thailands, ein Umschlagplatz für gehandelte Kinder in Südostasien, hat seine Gesetze verschärft und erreicht, dass der Verkauf thailändischer Mädchen in Bordelle nicht weiter gestiegen ist. Außerdem wurden Rückführungsprogramme für Jungen und Mädchen aus den Nachbarländern initiiert. In dem schier unerschöpflichen Reservoir an »Handelsware« aus den ärmeren Staaten Südostasiens liegt jedoch weiterhin eine große Herausforderung – denn es liefert den Nachschub an Kindern, der innerhalb Thailands aufgrund besserer Kontrollen ausbleibt.

Auch die internationale Staatengemeinschaft hat das Problem des Kinderhandels auf die politische Agenda gesetzt: Auf dem Weltkongress gegen kommerzielle sexuelle Ausbeutung im Dezember 2001 in Yokohama und dem UN-Weltkindergipfel im Mai 2002 in New York war der weltweite Handel mit Jungen und Mädchen eines der zentralen Themen. Die Internationale Organisation für Migration hat zusammen mit der Europäischen Union im September 2002 eine Konferenz zu Menschenhandel veranstaltet, an der zahlreiche Vertreter auch außereuropäischer Regierungen teilnahmen. Betont wurde hier insbesondere eine intensivere grenzüberschreitende Zusammenarbeit sowie ein verbesserter Opferschutz – ein Perspektivwechsel, der gehandelte Menschen nicht länger kriminalisiert, sondern ihrer Notlage Rechnung trägt.

Schließlich gilt es weiterhin, die Hilfsangebote für Kinder in den Herkunftsländern auszubauen. Dies kann nicht nur Aufgabe von Hilfsorganisationen sein; Staaten sind in der Pflicht, für eine entsprechende Unterstützung Sorge zu tragen. Dazu zählen zum Beispiel Programme zur Rehabilitation gehandelter Kinder und ihre Wiedereingliederung in die Gesellschaft. Es braucht außerdem mehr Schutzeinrichtungen, in denen Opfer Zuflucht finden können, sowie Angebote zur schulischen und beruflichen Bildung. Gefährdete Kinder aus verarmten Familien brauchen Alternativen, um sich eine eigene Existenz aufbauen zu können. Darum ist eine gute Ausbildung von geradezu lebensentscheidender Bedeutung.

Soll dem Handel mit Kindern jedoch die eigentliche Basis entzogen werden, dann geht es um nichts anderes als eine entschiedenere Bekämpfung der Armut. Alles andere ist letztlich nur Symptombekämpfung.

LEBEN ALS ROBOTER
Albanische Kinder in Italien und Griechenland

Von Jörn Klare

Milena ist müde. Am späten Abend streift sie durch die beliebten Restaurants am Athonos-Platz in Thessaloniki und versucht den Gästen kleine Heiligenbilder zu verkaufen. Sie tut das mit dem verzweifelten, fast aggressiven Blick eines quengelnden Kindes. Milena ist 9 Jahre alt. Seit dem Mittag ist sie unterwegs, begleitet von dem 6-jährigen Konstantin, der kleine, in Zellophanpapier gewickelte Rosen anbietet. Die sind jetzt kurz vor Mitternacht schon ein wenig welk.

Auch Konstantin ist erschöpft und klammert sich Halt suchend an die Tische seiner potenziellen Kunden. Eine lange Schramme zieht sich durch sein Gesicht. Woher sie stammt, wollen die Kinder nicht verraten. Sie sind misstrauisch. »Von dem Onkel«, sagt schließlich Konstantin. »Eine Katze« sei das gewesen, hält Milena entgegen.

Die junge Frau, die den ganzen Abend an einem der kleinen Restauranttische sitzt, kennt diese Widersprüche. Arina kauft den Kindern Rosen, Heiligenbilder und Papiertaschentücher ab, sie plaudert mit ihnen und stellt Fragen. Wo sie wohnen, möchte Arina von den beiden wissen, wie sie heißen, wie alt sie sind, woher sie kommen, wem sie ihr Geld geben und wo die Eltern sind.

Die 26-jährige Diplompsychologin arbeitet im Auftrag der griechischen Hilfsorganisation ARSIS. Die Kinder, allein am Athonos-Platz sind es ein gutes Dutzend, tragen saubere und gepflegte Kleidung. »Das ist die neue Strategie ihrer Bosse«, sagt Arina. Noch vor kurzem wirkten die Kinder sehr verwahrlost. Einige mussten regelmäßig Haarshampoo trinken, damit sie krank werden und vor allem krank aussehen. Das half beim Betteln. Dann aber wurde die öffentliche Aufmerksamkeit zu groß, und das wirkte sich schädlich auf das Geschäft aus.

Konstantin würde sich gern zu Arina setzen und die Limonade trinken, die sie ihm anbietet. Milena erinnert ihn an den Ärger, den er kriegen wird, wenn er nicht noch mehr Geld verdient. Sie geht weiter. Brav trottet der kleine Junge hinterher. Arina kennt das. »Bis morgen«, sagt sie und hofft, dass der 6-Jährige am nächsten Tag wiederkommt, hofft, dass er sich zu ihr setzt, mit ihr redet, dass er ihr vertraut und sich helfen lässt.

Nach vorsichtigen Schätzungen arbeiten etwa 3000 albanische Kinder allein in Griechenland. Sie verkaufen Rosen, putzen Windschutzscheiben oder betteln. Die Jüngsten sind gerade mal vier Jahre alt. Sie wurden von ihren Eltern verkauft oder verliehen oder sie wurden geraubt. Die Grenzen zum organisierten Menschenhandel sind fließend. Älteren Mädchen droht ein Schicksal in den Bordellen Westeuropas.

Vom Leben als Roboter

Zu den ganz kleinen »Robotern«, wie sich die Kinder selber nennen, kann Arina oft noch einen Kontakt aufbauen; bei den älteren ist das kaum noch möglich. Zu sehr sind sie eingeschüchtert von den Drohungen, Schlägen und Geschichten, was der »armen Mama« alles passieren könne, wenn ihr Kind nicht gehorsam ist. Arina nennt das eine »Gehirnwäsche«, an deren Ende die Kinder glauben, dass jeder, der nett zu ihnen ist, böse Absichten hat. So wird das Lügen zu einem entscheidenden Teil ihrer Überlebensstrategie.

Einzelne Bosse kontrollieren bisweilen Dutzende Kinder. Außenstehende, die sich zu sehr ins Geschäft einmischen, erhalten

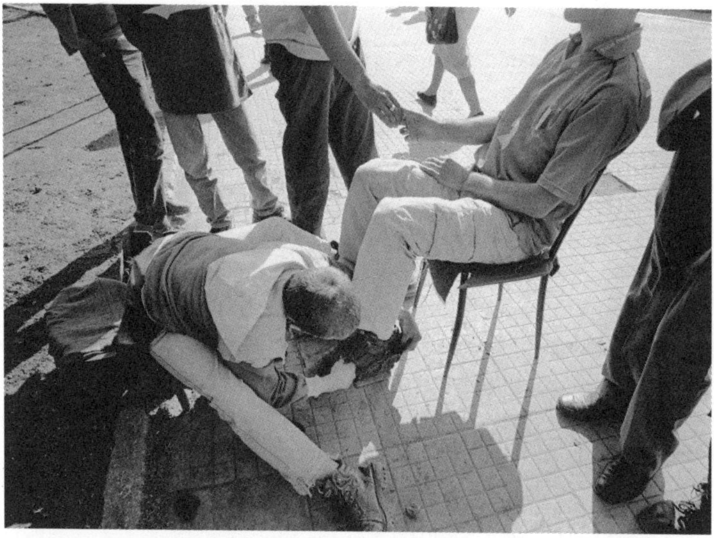

Schätzungsweise 3000 verkaufte oder entführte Kinder aus Albanien arbeiten allein in Griechenland. Sie verkaufen Rosen, putzen Windschutzscheiben oder betteln.
Foto: Andrea Motta

Morddrohungen der Hintermänner. Deswegen heißt Arina auch nicht wirklich Arina, deswegen sitzt immer eine Kollegin in Sichtweite und deswegen liegt das Handy ständig griffbereit. Eine entscheidende Voraussetzung für ihre Arbeit sind die richtigen Sprachkenntnisse. Denn die Muttersprache der meisten Straßenkinder in Thessaloniki ist Albanisch.

Die Grenze zu Albanien ist nah. Drei Stunden braucht ein PKW bis zum verschlafenen Kontrollpunkt Kapshtica. Vom großen Plakat am kleinen Duty Free Shop grüßen die Cowboys mit den Zigaretten. Der albanische Zollbeamte heißt den Einreisenden per Handschlag willkommen und verlangt 15 Euro Gebühr.

Zwei Kilometer weiter auf der breiten, mit EU-Geldern neu gebauten Straße zweigt ein breiter Fußweg in die steilen, karstigen Hügel. Am Anfang des beliebten Schmuggelpfades stärken sich am späten Nachmittag zwei Dutzend Männer für die bevorstehende nächtliche Wanderung nach Griechenland.

Bis zur Bezirkshauptstadt Elbasan sind es 120 Kilometer. Die Landschaft ist schön. Die Route führt durch saftig grüne Wiesen, vorbei an Bergen, deren über 2000 Meter hohe Gipfel bis Mai schneebedeckt sind, und entlang an den großen Seen Prespa und Ohrid, die Albanien mit Mazedonien verbinden.

Immer wieder ragen ganze Reihen eigenartiger Betonpilze aus dem Boden. Ihr Durchmesser beträgt etwa zweieinhalb Meter. Es sind Minibunker, die der kommunistische Diktator Enver Hoxha Mitte der 60er-Jahre im ganzen Land errichten ließ, um Albanien – etwa so groß wie das deutsche Bundesland Brandenburg – vor einer möglichen Invasion der US-Amerikaner, der Sowjets oder anderer Eindringlinge zu schützen. 770 000 dieser unverwüstlichen Relikte einer von Paranoia geprägten Politik soll es im ganzen Land geben.

Elbasan hat etwa 80 000 Einwohnerinnen und Einwohner. Einige heruntergekommene Bürgerhäuser zeugen von einem längst vergangenen Wohlstand. Die verblichene Parole auf einer Häuserwand fordert: »Alle gemeinsam für das große Ziel!« Das ist Vergangenheit. Die Menschen haben viel Zeit und wenig Arbeit. Die Straßen sind voll. Das riesige Industriekombinat »Stahl der Partei« wurde schon Anfang der 1990er-Jahre weit gehend stillgelegt. Anstatt 12 000 Beschäftigte gibt es nur noch 1000 Arbeiter, die im Auftrag einer türkischen Firma die Eisenschmelze weiterführen. Ein paar Cents zahlen sie pro Kilo Metall, das ihnen geliefert wird. In Elbasan verschwinden deswegen über Nacht selbst zentnerschwere Kanaldeckel.

Nahezu jedes zweite Auto ist eine Mercedeslimousine. Wegen der schlechten Straßen, sagen die einen, wegen der vielen Schwarzgelder, meinen andere. Auch die vereinzelten auffallend neuen und auffallend protzigen Gebäude wurden mit Geldern »aus dem Ausland« gebaut. Ein Großteil der Kinder, die in den griechischen Städten arbeiten, stammen aus Elbasan.

Kinder wie Vilma*, die vor einem halben Jahr zurück nach Albanien kam. Sie ist stämmig, 15 Jahre alt und bereit, ihre Geschichte zu erzählen. Es ist die Geschichte einer verkauften Kindheit. Im Alter von 4 Jahren schmuggelte ein Nachbar sie nach Griechenland. Dort zwang er sie zu betteln. 12 Stunden am Tag, 2 Jahre lang. Der Stiefvater wurde an den Einnahmen beteiligt. Im Alter von 6 Jahren wurde sie von den griechischen Behörden aufgegriffen und zurückgeschickt. Doch immer wieder musste Vilma zurück nach Thessaloniki. Mal ging es in tagelangen Fußmärschen direkt über die Berge, mal mit einem Umweg über das nahe Mazedonien. Kinder, die unterwegs aus Erschöpfung nicht mehr weiterkonnten, wurden einfach zurückgelassen.

Vilma erzählt von Drohungen, von Schlägen, von Gefängnisaufenthalten und von ihrem Hass. Sie erzählt, als wäre es die Geschichte eines anderen Menschen. Ihre Haltung schwankt zwischen Sarkasmus und Zynismus. Damit, so scheint es, will sie sich

* Name geändert.

vor weiteren Verletzungen schützen. Mitleid äußert sie nicht, weder für sich selbst noch für andere.

Nützliche Töchter

Vilma erzählt auch von Elbasan, von dem Leben mit den 14 Stiefgeschwistern in der 2-Zimmer-Wohnung und von ihrem Traum, Sängerin zu werden. Dann erzählt sie von der erwachsenen Stiefschwester, die heute Morgen vom Vater nach Italien verkauft wurde. Umgerechnet 800 Euro »Ablösesumme« habe dieser kassiert und bei dem Geschäft noch Glück gehabt, denn die 23-jährige Frau kehrte erst im letzten Dezember zu ihrer Familie zurück, nachdem sie schon 4 Jahre in einem Bordell in der Nähe von Rom gearbeitet hatte. Beim ersten Mal wurde sie von einem Cousin geraubt und verkauft. Damals ging der Vater leer aus.

Ein hochmotorisiertes Schnellboot, das bis zu 40 Passagiere laden kann, braucht für die nächtliche Überquerung der Adria nur wenige Stunden. Etwa 1000 Euro kostet ein Platz. Am Zielort zahlen die lokalen Zuhälter dann je nach »Marktwert« zwischen 4000 und 10 000 Euro für eine Frau.

Auch drei andere Stiefschwestern von Vilma sind schon vor Monaten oder Jahren nach Italien geschmuggelt worden. »Natürlich« arbeiten auch sie als Prostituierte. Eine der jungen Frauen ist verschwunden. Niemand weiß, wo sie ist. Das Gleiche gilt für das drei Monate alte Baby, das bereits vor 6 Jahren für umgerechnet 800 Euro vom eigenen Vater nach Griechenland verkauft wurde.

Vilma lacht darüber. Heiser, laut und angestrengt. Sie hasst ihren Stiefvater, und sie hasst dessen Kinder und beschimpft sie allesamt als »Zigeuner«. Sie selbst nennt sich stolz eine »Weiße«. Deswegen, meint sie, kann ihr so etwas nicht passieren.

Die Dolmetscherin kennt solche Geschichten. Doch diese bizarre Anhäufung tragischer Details überfordert selbst ihre Vorstellungskraft. Auch sie muss lachen. Es klingt verkrampft. Doch Vilmas Geschichte ist wahr. Alle Angaben werden von Vincent

Tournecuillert, dem Leiter des örtlichen Projekts von terre des hommes Lausanne, bestätigt. In dem Büro des 33-jährigen Bretonen stapeln sich Hunderte Fotos und Karteikarten von Minderjährigen. Einige der Kinder sind bereits verschwunden, den anderen droht zumindest ein ähnliches Schicksal. Und allzu oft passiert es, dass sich niemand um diese Schicksale kümmert.

Tournecuillert will das ändern. Er will das Bewusstsein dafür schärfen, dass Kinder keine Ware sind, dass die Opfer Rechte haben und dass diese Rechte geschützt werden müssen. Von den Familien, von der Gesellschaft und vom Staat. Also spricht er mit Eltern, mit Medienvertretern und mit Behörden. Er versucht aufzuklären und zu helfen, sucht Verbündete in Familien und Ämtern und kooperiert dabei mit anderen nichtstaatlichen Organisationen auch in Griechenland. So gelingt es manchmal, ein Kind zurückzuholen, das im Nachbarland aufgegriffen worden ist. Das passiert nicht oft, ist aber immer wieder ein Fest für Tournecuillert und seine albanischen Mitstreiter. Ein Fest und zugleich eine neue Herausforderung, denn die Rückkehr ist problematisch, wenn die Kinder mit dem Einverständnis oder sogar auf Initiative der Eltern hin ausgebeutet werden. Das ist meistens der Fall. Manchmal befürwortet dann sogar Tournecuillert die Unterbringung in einem Heim, etwa in Griechenland. Mehrmals betont er, dass dies allerdings wirklich die allerletzte Möglichkeit ist.

Auch im Falle von Vilma ist er es, der sich um die Wiedereingliederung bemüht. Er will ihr helfen, einen Schulabschluss zu machen. Im Alter von 8 Jahren wurde Vilma von ihrem »Boss« sexuell missbraucht. Darüber reden kann sie nicht. Sie hat es mit Hilfe eindeutiger Zeichnungen mitgeteilt, erzählt ein terre-des-hommes-Mitarbeiter. Als sie vor Monaten wegen all des später noch erlittenen Unrechts Anklage erheben wollte, wurde sie von den Polizisten geschlagen. Jetzt hofft sie auf ihren leiblichen Vater.

Der musste schon 1991 das Land verlassen, nachdem er mit dem Mord an einem Polizisten den Tod eines Bruders gerächt hatte. Als

1997 die öffentliche Ordnung in Albanien für einige Monate komplett zusammenbrach, kehrte er zurück, um den Freund seiner Schwester zu töten. Jetzt lebt er angeblich mit gekauften französischen Papieren in England. Auf dem Schwarzmarkt kostet ein EU-Visum zurzeit gut 2500 Euro.

Tournecuillert glaubt, dass auch Vilma nach Italien verkauft werden könnte. Er ist sich nicht sicher, ob er das verhindern kann.

Postkommunistische Zustände

Albanien gehört zu Europa und war doch 45 Jahre lang eine Welt für sich. Bis 1991 erstarrte das Land in der absurden Abschottungspolitik einer kommunistischen Diktatur. Und wenn es das Rad der Geschichte wirklich gibt, so drehte es sich danach in Albanien so ruckartig wie nirgendwo sonst in Europa. Eine ganze Reihe der gut 3 Millionen Menschen hat es dabei von ihren Plätzen geschleudert. Getroffen hat es vor allem diejenigen, die auch schon vorher am Rand der Gesellschaft standen. Menschen, die wegen mangelnder Bildung oder, wie die Minderheit der Roma, wegen ihrer ethnischen Zugehörigkeit unterprivilegiert waren. Dass sie buchstäblich im Dreck gelandet sind, verdeutlicht ein Vormittag an der Seite einer albanischen terre-des-hommes-Mitarbeiterin bei ihren Familienbesuchen in Elbasan.

Es ist eine Wanderung durch verrottete Mietskasernen, in denen die Treppen wegen Einsturzgefahr von nur jeweils einer Person betreten werden dürfen, hin zu grob gezimmerten Hütten aus Pappwänden, die alle Klischeevorstellungen von einem Slum auf deprimierendste Weise bedienen.

Die erzählten Geschichten ähneln sich. Es gibt Kinder, die geraubt oder von den Eltern verkauft und vermietet wurden und werden. Es gibt Kinder, die froh sind, wieder zurück zu sein, und Kinder, die freiwillig lieber wieder im Ausland betteln wollen, als weiter in dieser Trostlosigkeit zu leben. Dann gibt es Väter, die eher ihre Nachkommen als den obligatorischen Fernseher verkaufen;

Verrottete Mietskasernen, grob gezimmerte Hütten aus Pappwänden: Elbasan ist kein Ort, der Zukunftsperspektiven verheißt. Foto: Andrea Motta

Väter, die den Beinamen »Rakiri« tragen, weil sie dem billigen Schnaps verfallen sind; Väter, die ihre Stieftöchter schwängern und für die Kinder, die Enkelinnen und Töchter zugleich sind, nicht sorgen können.

Und es gibt Mütter, die, hilflos und überfordert, Lügengeschichten erzählen, weil sie das Unrecht spüren, das sie ihren Kindern antun; Mütter, die vor Glück weinen, weil sie ihre Kinder wiederhaben, und kurz darauf verzweifelt schluchzen, weil sie nicht wissen, wie sie sie großziehen sollen. All dies gibt es und noch Einiges mehr. Was aber fehlt, ist eine funktionierende Zivilgesellschaft, die in der Lage ist, ihre eigenen Kinder zu schützen.

»Jeder in der Stadt weiß Bescheid«, erklärt Robert Stratoberdha, Leiter der albanischen Organisation NFP (»Hilfe für Kinder«), die sich vorwiegend um die sozialen Belange von Minderjährigen kümmert. Die Geschäfte laufen zumindest am Anfang auf einer eher informellen Ebene. Es sind meist Nachbarn oder Familienmitglieder, welche die Kinder nach Griechenland bringen und den Eltern eine Gewinnbeteiligung anbieten. Meist handelt es sich »nur um einen Bruchteil« der abkassierten Beträge. Der ehemalige Französischlehrer Stratoberdha verweist auf die »Verführung durch die enormen Gewinnspannen«. Den »Nährboden« für den Kinderhandel in Albanien bildet seiner Meinung nach neben der unzureichenden staatlichen Ordnung und dem weit gehenden »Zusammenbruch der moralischen Grundwerte« vor allem die katastrophale wirtschaftliche Lage.

Die Arbeitslosenrate liegt bei ca. 60 Prozent. Die staatliche Sozialhilfe für eine vierköpfige Familie beträgt etwa 35 Euro im Monat. In Griechenland kann ein Kind an einem einzigen Tag bis zu 60 Euro erbetteln. Die Grenzen zum organisierten Menschenhandel sind fließend. Ältere Mädchen, aber auch Jungen werden wie Vilmas Schwestern oft weiterverkauft und zur Prostitution gezwungen.

Im Juni 2002 sprach das albanische Ministerium für öffentliche Ordnung von 6075 »unbegleiteten Minderjährigen« im Ausland.

Der Großteil davon befand sich in Italien und Griechenland. Doch nach Aussagen von Europol zum Menschenhandel auf dem Balkan ist die tatsächliche Zahl der Opfer wesentlich höher, als es die offiziellen Statistiken angegeben. Die Europäische Kommission sprach im Jahr 2001 von geschätzten 120 000 Kindern und Frauen, die jedes Jahr nach Westeuropa verkauft werden. Davon stammt ein Großteil aus Albanien. Gesonderte Zahlen über Kinder gibt es nicht.

Nach einer Studie der britischen Organisation Save the children gibt es in Mitteleuropa etwa 30 000 albanischen Prostituierte. Nach Angaben der belgischen Polizei beispielsweise waren im letzen Jahr knapp die Hälfte aller Ausländerinnen, die in Belgien zur Prostitution gezwungen wurden, albanische Mädchen im Alter von 14 bis 15 Jahren. Albanische Zuhälter sind selbst in der Szene wegen ihrer Brutalität gefürchtet. Wer Schwierigkeiten macht oder nicht mehr verwertbar ist, wird nicht selten »entsorgt«, das heißt getötet.

Zur Handelsware gehören auch Frauen aus anderen osteuropäischen Staaten wie Moldawien, Rumänien und Bulgarien, sowie Kurdinnen, Iranerinnen und Afghaninnen. Es gibt Gerüchte über spezielle »Abrichtungslager«, in denen die Frauen durch systematische Vergewaltigungen auf den Markt vorbereitet werden. Lager, in denen einzelne Frauen demonstrativ exekutiert werden, um die Entschlossenheit der Bosse zu verdeutlichen. Beweise gibt es dafür noch nicht. Auch nicht für die Geschichten, die den Handel mit Organen betreffen. Doch die Hinweise mehren sich.

Kampf an vielen Fronten

Auf der anderen Seite ist die Polizei im albanischen Alltag überall präsent. Man sieht sie an vielen Kreuzungen und Kontrollpunkten auf den Landstraßen. Ein paar einfache Zahlen erklären ihre Motivation. Eine »normale« fünfköpfige Familie braucht im Monat etwa 400 Euro. Das Monatsgehalt eines Beamten liegt bei 120 Euro. In einer einzigen langen Nacht mit peniblen Verkehrskontrollen kann er aber problemlos die gleiche Summe in die eigene Tasche »wirtschaften«. Nach Recherchen der Internationalen Organisation für Migration (IOM) gibt es auch Polizisten, die direkt am Menschenhandel beteiligt sind.

»Was die Korruption betrifft, ist es in Elbasan nicht ganz so schlimm«, sagt Stratoberdha. Lange Jahre gab es hier einen Polizeichef, der für seine »Unbestechlichkeit und rigiden Methoden« gleichermaßen bekannt war. Nachdem er einen berüchtigten Mafiaboss verhaften konnte, kutschierte er diesen, auf einem Wagen gefesselt, durch die Stadt und bot ihn jedem geschädigten Geschäftsmann zur schlagkräftigen Genugtuung an. Nach heftigen Protesten von Menschenrechtlern wurde der »Sheriff« in den vorzeitigen Ruhestand geschickt.

Mittlerweile ist auch die albanische Presse auf das Thema Kinderhandel aufmerksam geworden. Meist geht es dabei um die eher reißerischen Aspekte der sexuellen Ausbeutung und des Organhandels.

So scheint man auch auf staatlicher Seite das Problem nicht länger ignorieren zu können. In der Hauptstadt Tirana leitet Arni Jasharllari eine im Jahre 2000 neu geschaffene Polizeibehörde, die ausschließlich den Handel mit illegalen Gütern bekämpfen soll. Dazu zählen neben Autos, Drogen, Waffen und Kunstschätzen auch Menschen. Jasharllaris Arbeit steht für die wachsenden Bemühungen der albanischen Regierung, die Probleme anzugehen, was sicher auch mit dem wachsenden Druck aus dem Ausland zusammenhängt.

Die Erfolge sind dürftig und bis heute gibt es keine staatlichen Maßnahmen, die sich gezielt mit den sozialen Problemen und den Folgen des Kinderhandels auseinander setzen. »Wir stehen erst am Anfang«, räumt Jasharllari ein. Er wirkt hilflos. Dass der hohe Beamte die Korruption in den eigenen Reihen zumindest eingesteht und die »Probleme entschieden angehen will«, muss als gutes Zeichen gewertet werden. Nicht weniger, aber auch nicht mehr.

Die Geschichte von Erjon

Erjon war 10, als er das erste Mal nach Griechenland kam. Das schien auf jeden Fall besser als das trostlose Leben mit 25 Geschwistern oder Stiefgeschwistern, deren Namen er nicht einmal alle kannte. Drei Ehefrauen hatte der Vater, doch mehr als etwas Essen konnte er seinem Nachwuchs nicht bieten. »Ich hatte keinen Platz zum Schlafen«, erinnert sich Erjon. Dennoch war er fest entschlossen, seine Familie finanziell zu unterstützen: »Von Erwachsenen hatte ich gehört, dass all diejenigen, die nach Griechenland gehen, eine Menge Geld verdienen.« Dieser Gedanke ließ den Jungen nicht mehr los. Schließlich fand sich ein »Patron«, der ihn über strapaziöse Wege nach Griechenland schleuste. »Wir arbeiteten in den Straßen und in Zügen, abends schliefen wir in einem verlassenen Wohnwagen und unser ›Vater‹ zählte unsere Einnahmen.«

Irgendwann landete Erjon in einem griechischen Gefängnis und schließlich wieder in seinem Heimatort Elbasan. Da war er 14 Jahre alt und hatte mehr gesehen als die meisten seiner Altersgenossen. Der albanischen Organisation NPF und terre des hommes gelang es, Kontakt zu Erjon aufzubauen. Er geht nun regelmäßig in die Schule und hat eine Chance, seinen Ausbeutern endgültig zu entkommen.

Quelle: Koha Jone *[albanische Tageszeitung], 15. 6. 2002.*

KINDERHANDEL IN OST- UND SÜDOSTEUROPA

Zwecke des Kinderhandels

- Sexuelle Ausbeutung
- Kommerzielle Adoption
- Ausbeutung in illegalen Tätigkeiten

Sexuelle Ausbeutung

- Frauen und Mädchen, die über Schleuserringe nach Deutschland kommen, stammen zu 80 Prozent aus Osteuropa.
- Kinder, die zur Prostitution gezwungen werden, werden immer jünger. Insbesondere nimmt die Zahl von Jungen auf dem Sexmarkt zu.
- Zahl unbegleiteter Minderjähriger, die in die EU geschleust werden mit dem Ziel der sexuellen Ausbeutung, steigt deutlich. Die Kinder kommen aus immer mehr Ursprungsländern: vor allem aus Moldawien, Rumänien und der Ukraine.
- *Beispiel Albanien*
  Albanien ist das in Osteuropa am stärksten in den Sexhandel verwickelte Land. Händler locken Frauen und Kinder mit falschen Versprechungen über Heirat oder Arbeitsstellen als Kellnerin oder Tänzerin. Die Verführer sind oft Bekannte oder Angehörige. Zum Teil werden die Opfer einfach entführt und verkauft, um in Westeuropa als Prostituierte Geld zu verdienen. Der Preis für ein nach Italien verkauftes Mädchen liegt bei 2500 bis 4000 Euro, für eine Jungfrau bei 10 000 Euro. Albanische Händler sind eher Einzeltäter. Sie arbeiten selbständig und erledigen alle Aufgaben des Geschäfts. Sie werben Opfer an, zwingen sie zur Prostitution und kassieren selbst ab. Mit Schnellbooten transportieren Einzeltäter und Banden die Mädchen von der albanischen Küste aus nach Italien. Eine Passage kostet zwischen 700 und 1000 Euro. Gleichzeitig werden die Boote auch für Drogen- und Waffenschmuggel benutzt, die Mädchen sind dabei oft die Botinnen.
- *Beispiel Tschechien*
  In grenznahen Gebieten Tschechiens nutzen vor allem deutsche Männer Kinderprostitution. Die Opfer stammen überwiegend aus verarmten Familien; meistens sind es Eltern, andere Angehörige oder organisierte Zuhälterbanden, die die Kinder dem kommerziellen Missbrauch »zur Verfügung stellen«. Zum Teil werden Säuglinge, Kleinkinder und minderjährige Jungen und Mädchen direkt auf der Straße angeboten. Die Kinder besuchen keine Schule, sondern verdienen den Lebensunterhalt für ihre Familien. Viele Kinder haben bereits innerhalb der Familie Gewalt und/oder sexuellen Missbrauch erfahren. Grundsätzlich gehen Kinder auch an Orten der Prostitution nach, an denen die Polizei präsent ist. Im 36 000-Einwohner-Ort Cheb finden sich rund 100 Nachtklubs, Sexpensionen und Bordellwohnungen.

Kommerzielle Adoption

- Kinder aus Osteuropa werden erst seit der Wende 1989 zur Adoption vermittelt. Die Kinder sind hellhäutig – und deshalb sehr gefragt. Anzeichen für Kinderhandel zum Zweck der Adoption gibt es in Russland, Moldawien und Rumänien.
- Ein Viertel aller Auslandsadoptionen dürfte einen kommerziellen oder kriminellen Hintergrund haben.
- 600 Kinder wurden 1999 offiziell zur Adoption nach Deutschland gebracht, Experten schätzen, dass es tatsächlich viermal so viele sein könnten.
- Kinderhändler suchen gezielt nach schwangeren Jugendlichen, die sie überreden, ihr Kind gleich nach der Geburt abzugeben. Besonders unverheiratete Mädchen werden dabei unter Druck gesetzt oder mit Geld oder Geschenken gelockt.
- Frauen werden dafür bezahlt, dass sie Kinder für eine Auslandsadoption zur Welt bringen.
- Dokumentiert sind auch Fälle, in denen Banden Kinder etwa auf Marktplätzen durch vermeintliche Babysitter entführen lassen.
- Mit attraktiven osteuropäischen »gebärfähigen« Frauen erzielen Händler 5000 bis 6000 Euro in Italien.
- Medium der privaten Vermittlung ist zunehmend das Internet. Für 10 000 bis 20 000 Euro sind Kinder hier zu haben. Ein Kind aus Moldawien kann schon für ca. 3500 US-Dollar adoptiert werden, Nachfrage kommt vor allem aus Israel und den USA.

Ausbeutung in illegalen Tätigkeiten

- Banden bringen Kinder unter anderem aus Rumänien nach Deutschland, um sie als Kinderdiebe, so genannte »Klaukinder«, einzusetzen (vgl. Kinderhandel in Deutschland).
- In Italien und Griechenland gelangen Kinder vermehrt in den schwarzen Arbeitsmarkt, in dem sie als Bettler, Straßenhändler oder Autofensterputzer Geld verdienen müssen.
- Albanische Familien, vor allem auf dem Land, ermutigen ihre Kinder, im Ausland zu arbeiten und so die Familie zu unterstützen. Für den Transport müssen die Kinder Schulden machen, die sie beispielsweise in »Bettelringen« abarbeiten.
- Die griechische Regierung schätzt die Zahl der unbegleiteten albanischen Jungen im Land auf 3000. Vor allem im Sommer dürfte diese Zahl wesentlich höher liegen. Gehandelt werden vor allem Kinder, die zur Minderheit der Sinti und Roma gehören. Die albanische NGO Help for Children vermutet 1000 albanische Kinder allein in Thessaloniki.
- Zum Teil kooperieren die Familien der Kinder mit den Händlern, indem sie monatlich Geld für die Dienste ihrer Kinder erhalten.

Manche Kinder sind jünger als 7 Jahre.

Herkunfts- und Zielländer

- Die OSZE schätzt die Zahl aller gehandelten Menschen von Ost- nach Westeuropa auf 200 000 jährlich. Detaillierte Zahlen gibt es nicht. Nebst den Ländern der EU sowie der Schweiz gehören auch die Türkei und Israel zu den Zielländern.
- Menschen werden der Internationalen Arbeitsorganisation (ILO) zufolge immer mehr auch von den einen osteuropäischen Ländern in andere verkauft: Vor allem Ungarn, Tschechien und Polen werden zu Zielländern für Menschen aus ärmeren Staaten.

Personen(gruppen), die in Kinderhandel involviert sind

- Selbständig arbeitende Einzeltäter und organisierte Banden aus ganz Europa
- Eltern
- Verwandte/Freunde
- Lehrer an Schulen/Mitarbeiter von Waisenhäusern
- Prostituierte
- Ortskundige Führer/Bootsfahrer an der Grenze/Taxifahrer
- Korrupte Behörden/Grenzbeamte

Faktoren, die Kinderhandel begünstigen

- Seit 1989 haben sich für die Mehrheit der rund 150 Millionen Kinder in den Staaten Osteuropas und der ehemaligen Sowjetunion die Lebensbedingungen verschlechtert. Sozialausgaben für Kinder werden vielfach als Luxus betrachtet, Bildungsausgaben deutlich gekürzt.
- Kriegerische Konflikte, Armut und Schulden belasten Familien, soziale und familiäre Strukturen zerbrechen.
- Es herrscht hohe Arbeitslosigkeit, vor allem bei Frauen, die Einkommen sind niedrig.
- Vor allem in ländlichen Gebieten ist das Bildungsniveau niedrig.
- Zu teure Verhütungsmittel sorgen für mehr minderjährige Mütter.
- In den ehemals kommunistischen Staaten ist die Gewohnheit des alten Systems, den Staat als Ersatzfamilie aufzufassen, immer noch stark verbreitet.
- Traditionelle Einstellungen besagen, dass Mädchen weniger wert sind als Jungen.
- Kinder ethnischer Minderheiten, insbesondere Roma-Kinder, sind vielfach benachteiligt.
- Eltern betrachten die Kinder als kleine Erwachsene, die im Ausland zum Unterhalt der Familie beitragen können.
- Die Nachfrage nach Sex mit jungen, gesunden Mädchen wächst.

Quellen: Auswertung von Zeitungen und Zeitschriften sowie Publikationen im Internet; Recherche: Dagmar Thiel, September 2001.

»WENN ICH WAS VERRATEN WÜRDE, KÖNNTE ICH STERBEN«
Verkaufte Kinder in Deutschland

VON UWE POLLMANN

»Dieser Mann, der mich hierher gebracht hat und mir gedroht hat, ist sehr groß und stark.« Marianas Augen öffnen sich weit. Sie ist in einer Jugendunterkunft in Hamburg untergebracht. Aber selbst dort fühlt sie sich nicht sicher: »Ich bekomme immer noch große Angst, wenn ich an ihn denke. Ich habe mich oft erschrocken, wenn er mich ansah. Denn diese Leute haben in Deutschland eine große Macht. Sie sind wie eine Mafia. Und in Rumänien ebenso. Dagegen kannst du nichts tun.«

Der rumänische Teenager aus einer verarmten Bukarester Familie ist das Opfer einer Kinderhändlerbande, die Minderjährige brutal ausbeutet. Mit 15 Jahren hat ihr Bruder sie an einen Schlepper übergeben, der vorgab, in Deutschland für sie zu sorgen. Doch von Anfang an musste Mariana für den Rumänen in Kaufhäusern oder auf Märkten stehlen. An Flucht, hieß es, brauche sie gar nicht zu denken. »Er kenne Hamburg und würde mich überall finden, hat er immer gesagt«, erinnert sie sich. »Wenn ich was verraten würde, könnte ich sterben. Wenn nicht hier, dann in Rumänien. Das sagen sie allen Kindern, die sie herbringen und die für sie stehlen.«

Kinderhandel in Deutschland? Gibt es das wirklich? Die gezielte Einschleusung von Minderjährigen zur Ausbeutung ist hierzulande noch eher selten ein Thema. Zwar gab es in den 1980er-Jahren mehrere Anzeichen für das organisierte Verbringen von

Kleinkindern aus Asien oder Afrika nach Deutschland zur illegalen kommerziellen Adoptionsvermittlung. Dann, mit der Öffnung der Grenzen zum Osten und den vielfältigen sozialen Konflikten nach dem Zusammenbruch politischer, gesellschaftlicher und wirtschaftlicher Systeme, tauchten erstmals neben dem Menschen- und Frauenhandel auch Fälle von Handel mit Kindern aus Osteuropa auf. Aber über die Breite des Phänomens gibt es kaum Informationen.

Stattdessen schrecken einzelne Sensationsnachrichten auf, etwa über den Handel osteuropäischer Mädchen in hiesige Bordelle, über die Ausnutzung rumänischer Kinder als Diebe in deutschen Städten und die Ausbeutung von Kindern unterschiedlicher Nationalitäten als Drogenkuriere oder speziell afrikanischer Mädchen als Prostituierte. Nicht zuletzt zeigten mehrere Vermutungen über den Verkauf Berliner Kinder in niederländische oder belgische Bordelle und ihre Ermordung, dass skrupellose Händlerringe auch vor der gewalttätigen Ausnutzung Minderjähriger nicht zurückschrecken.

Doch Hinweise auf Kinderhändler und Hinterleute sind rar. Was wissen Ermittlungsbehörden, Versorgungseinrichtungen oder Hilfsorganisationen? Woher stammen die Kinder? Welches Ausmaß nimmt das Phänomen an? Wie ergeht es den Opfern? Um darüber mehr zu erfahren, wurden 1999 und 2000 alle Landeskriminalämter, das Bundeskriminalamt, Europol, Polizeipräsidien, die Innenbehörden der Länder, einzelne Sozialministerien, Sozial- und Jugendbehörden in mehreren Großstädten sowie Wohlfahrtseinrichtungen, Beratungsstellen, Straßenjugendprojekte und Jugendschutzeinrichtungen befragt.

Strafrechtliche Verfolgung von Kinderhandel

Zunächst zeigt sich ein Definitionsproblem: Kinderhandel – was ist das eigentlich? Deutsche Gesetze weisen hier Unterschiede zur internationalen Gesetzgebung auf. Das deutsche Strafgesetzbuch ächtet in Paragraf 236 den Kinderhandel und bezieht sich auf Kinder, die »noch nicht vierzehn Jahre« alt sind. Eine Definition, die unter anderem auf das Gesetz zum Schutze der Jugend in der Öffentlichkeit zurückgeht. Demgegenüber gelten gemäß der UN-Konvention über die Rechte des Kindes Menschen, die das 18. Lebensjahr noch nicht vollendet haben, als Kinder. Für diese Altersgruppe wird in Art. 9 und Art. 11 der Konvention und explizit in Art. 35 der »Handel mit Kindern« geächtet. Anders als im deutschen Recht erfasst hier der »Handel mit Kindern« auch Straftaten wie Förderung der Prostitution, Schleusung, Menschenhandel oder die sexuelle Ausbeutung von Kindern.

Abgesehen von diesem Unterschied leidet die Erfassung von Kinderhandel an Informationsdefiziten bei Ermittlungsbehörden. So seien »noch Anstrengungen« nötig, um die Informationsbasis zu der Straftat zu erweitern, äußert ein versierter Kriminaldirektor seine Erfahrungen. So gebe es auf Kinderhandel ausgerichtete Erfassungsinstrumente nicht. »Betteln, Stehlen, illegale Arbeitsverhältnisse und sexuelle Ausbeutung von Kindern« würden »in der polizeilichen Kriminalstatistik nicht erfasst«, teilt beispielhaft das Landeskriminalamt Thüringen mit. Auch »eine Opfererfassung erfolgt nicht«. Das Innenministerium in Stuttgart verlautbart: »Der Deliktsbereich Kinderhandel wird in der polizeilichen Kriminalstatistik des Landes Baden-Württemberg nicht separat ausgewiesen, sondern unter dem Oberbegriff ›Menschenhandel‹ erfasst.« Ähnlich ist es in anderen Bundesländern.

Kein Wunder also, dass beim Bundeskriminalamt und den Landeskriminalämtern kaum oder keine Erkenntnisse zum Handel mit Kindern vorliegen. Gefragt nach der Verbringung von Minderjährigen aus dem Ausland, um sie hier sexuell oder für Überfälle, Bettelei, Taschendiebstähle oder Einbrüche auszubeuten, lautet die Antwort oft wie folgt: Zwar gebe es hin und wieder »Einzelfälle«, aber Berichte oder Statistiken vor allem zu Opfern des Handels mit Kindern lägen nicht vor.

Das liegt zum Teil auch daran, dass es erst rudimentäre Kenntnisse gibt. So könnten solche Fälle in verschiedene Delikte zerlegt worden sein, meint ein BKA-Mitarbeiter: »Und das lässt sich dann in vielen Fällen nicht mehr rekonstruieren.« Zum Beispiel kann sich hinter erfassten Straftaten wie Menschenhandel, Urkundenfälschung, Schleusung, Zuhälterei und Förderung der Prostitution oder des Trickdiebstahls ein Fall von Kinderhandel verbergen. Was die Opfer betreffe, könnten statt des eigentlichen Deliktes nur Passvergehen, illegale Einreise oder Verstoß gegen das Ausländerrecht erfasst worden sein.

Auch die vom Bundeskriminalamt und den Landeskriminalämtern erstellten Berichte zum Menschenhandel geben hier nur wenig her. Denn eingehender wird die Lage von Minderjährigen nicht betrachtet. Erst eine einzige Polizeikommission hat über den organisierten Handel mit Kindern umfassender ermittelt. Nachdem sich in mehreren deutschen Großstädten die Straftaten durch rumänische Minderjährige häuften, wurde 1998 beim Berliner Landesschutzpolizeiamt die Arbeitsgruppe Rumänische Bandenkriminalität (AG RumBa) gegründet. Sie stieß auf teilweise miteinander verzweigte unterschiedlich große Netze rumänischer Kinderhändler. Nach polizeilichen Angaben sollen diese bis 1998 rund 250 Minderjährige aus Rumänien nach Deutschland verbracht haben, um sie als »Klaukinder« einzusetzen.

Die Kinder wurden in Armengebieten in Nordostrumänien von Familien abgekauft oder aufgrund fadenscheiniger Versprechungen von den Familien an Menschenhändler übergeben. Teils wurden die Kinder auch auf den Straßen von Bukarest rekrutiert. In Rumänien, der Ukraine sowie Polen als Diebe angelernt, wurden sie auf unterschiedlichen Wegen nach Deutschland gebracht. Erste Anlaufstelle war meistens Berlin; aber auch Stuttgart, Bonn, Köln oder Hamburg waren Zielorte.

Doch die AG RumBa in Berlin ist ein Einzelfall. In anderen Großstädten wird das Problem anscheinend eher kaschiert. So weist die Hamburger Behörde für Inneres darauf hin, »dass es in Hamburg lediglich in Einzelfällen nicht belegbare Vermutungen« für zeitweilig hier lebende ausländische Minderjährige gebe, die gezielt unter Ausnutzung ihrer Strafunmündigkeit als Taschen-, Trick-, Wohnungs- und Ladendiebe oder für den Verkauf von Drogen eingesetzt werden. Ein Beamter bestätigt jedoch im persönlichen Gespräch, dass hinter den Kindern »gesteuerte Aktionen« stünden, bisher aber keine Beweise erbracht werden konnten.

Mechanismen und Wege des Kinderhandels nach Deutschland

Eindeutiger als Ermittlungsbehörden bestätigen Mitarbeiter von Beratungsstellen, Hilfsorganisationen und Versorgungseinrichtungen Fälle von Kinderhandel. »Es gibt sie nach wie vor«, erklärt Andrea Frigge-Jammeh von der Abteilung für Beratung und Betreuung von Asylbewerbern beim Bezirksamt Hamburg-Mitte. Hier werden neu angekommene minderjährige Flüchtlinge in Obhut genommen. Frigge-Jammeh vermutet trotz zwischenzeitlicher Beruhigung, dass die Ausnutzung rumänischer Kinder nicht beendet ist. Noch immer tauchten diese Minderjährigen sporadisch auf. Beispiel: Ein 13-jähriges rumänisches Mädchen meldet sich, eine Mitarbeiterin will es in eine Einrichtung bringen, doch nachdem es die Aufnahmepapiere bekommen hat, verschwindet es. Auf Druck von Hinterleuten, vermutet die Mitarbeiterin.

Eine Reihe Informanten von Jugendämtern und Erstversorgungseinrichtungen sowie Amtsvormünder in Hamburg und Berlin sind überzeugt, dass weiterhin rumänische Minderjährige mit Hilfe der Schleuser einreisen. So wissen die Jugendlichen in den Einrichtungen, dass abgeschobene Kinder wieder aufgetaucht seien, oder sie erfahren von weiteren Eingereisten.

Für Hamburg und Berlin gibt es zudem Hinweise, dass auch bei Minderjährigen anderer Nationalitäten Fälle von Kinderhandel vorliegen könnten. So erklärte der Leiter der Berliner Clearingstelle, Gottfried Günter, dass eine libanesische Familie für Drogengeschäfte Kinder aus dem arabischen Raum eingesetzt habe. Die Kinder seien zwar in der Clearingstelle gemeldet worden, seien aber nur selten erschienen und für jugendspezifische Angebote nicht zugänglich gewesen. In Hamburg sind Mitarbeiter von Heimen und Jugendamt überzeugt, dass kurdische Kinder seit Mitte der 1990er-Jahre gezielt für den Drogenhandel eingeschleust werden. Vor allem nicht Strafmündige unter 14 Jahren würden durch organisierte Netze als Heroindealer eingesetzt.

Wie und unter welchen Umständen genau diese Jugendlichen nach Deutschland kommen, ist systematisch nie aufgearbeitet worden. Klar scheint nur, dass sie nahezu ausschließlich aus den armen, wirtschaftlich unterentwickelten Regionen wie Rumänien, Kurdistan, den GUS-Staaten oder afrikanischen Ländern stammen. Hauptsächlich kommen sie aus sich auflösenden oder bereits aufgelösten Familien – eine Folge hoher Arbeitslosigkeit, niedriger Einkommen, sozialer Unsicherheit, großer Konfliktpotenziale oder Kinderreichtum. Oft haben die Minderjährigen ein hohes Maß an Gewalt, Frustration oder Enttäuschung erfahren.

Doch wegen teils schwerer sozialer Nöte haben Kinderhändler ein leichtes Spiel. Auch die Korruption, die fehlende Sensibilität für Straftaten, der Verfall des öffentlichen Sektors und zähe Gesetzgebungsprozesse in den Herkunftsländern erleichtern ihnen das Geschäft. Ebenso wird der Organisierten Kriminalität (OK) wenig entgegengesetzt.

Uwe Kranz, OK-Experte bei Europol (Den Haag), spricht von bis zu 12 000 OK-Gruppen in Osteuropa. Diese griffen auf Mitglieder ehemaliger Sicherheitsapparate zurück oder auf gut informierte Studienabgänger wie etwa Informatiker. Durch die Infiltration der Behörden und politischer Kreise sichern sie ihre Geschäfte ab. Auf solche OK-Gruppen sei laut Kranz der Menschenhandel zurückzuführen. In den 1990er-Jahren seien über 500 000 Frauen allein aus der Ukraine nach Europa gekommen, wovon 100 000 als

Prostituierte gearbeitet hätten oder noch arbeiten würden. Auch Kinderhändler könnten sich auf diese Netze stützen.

Bekannt ist, dass in mehreren verfolgten Fällen Menschenhändler Minderjährige mit gefälschten Pässen versehen haben und durch die Ukraine, Polen oder die Slowakei geschleust und sie als ihre Kinder ausgegeben haben. Wenn eine visumfreie Einreise nach Deutschland nicht möglich ist, wird der Weg über die grüne Grenze gesucht, den die Opfer dann in der Regel allein gehen müssen. Sie werden dann an bestimmte Orte an der Grenze gebracht, erhalten Informationen über Schleichwege und werden auf der anderen Seite wieder aufgegriffen.

Daneben berichten Informanten aus Polizei und Nichtregierungsgruppen von Fällen, in denen Händler Kinder und Jugendliche in geheimen, engen und gefährlichen Fächern von LKWs, Bussen oder Zugwaggons nach Deutschland gebracht hätten. Über Mittelsmänner seien sie in drittklassigen Pensionen oder in unscheinbaren Hochhauswohnungen untergekommen oder gleich in den Bestimmungsort weitergereist. Die Einreise könne auch als Freundin zum Beispiel eines Zuhälters oder per Einladung durch diesen erfolgen. Einige Experten berichten dies besonders in Bezug auf Minderjährige aus Afrika oder Lateinamerika.

Diese Auskünfte kommen jedoch überwiegend von Opfern, die bereits in ihren Zielorten sind, oder aus zweiter Hand, zum Beispiel von Freunden der Opfer. In den Grenzregionen der Bundesrepublik weiß man dagegen wenig über die genauen Übergänge oder Wege des Handels mit Kindern. Keine der angesprochenen Polizeibehörden oder Landeskriminalämter konnte darüber Angaben machen. Aber auch Nichtregierungsorganisationen haben nur bruchstückhafte Informationen.

Für die Grenzregion Brandenburg/Polen zum Beispiel hat die Frauenorganisation Belladonna einen überaus guten Überblick. Seit 1990 bietet sie im Land Brandenburg Schutz und Hilfe für Opfer von Menschenhandel an. Doch ihren Angaben zufolge hatte sie es Ende der 1990er-Jahre nur mit zwei minderjährigen Opfern von Frauenhandel zu tun. Auch das Landeskriminalamt Bayern hat keine Informationen, obgleich mit einem eigenen Projekt (KISS) im Sommer 2000 auf den wachsenden »Sextourismus mit Kindesmissbrauch durch deutsche Täter in den grenznahen Gebieten zur Tschechischen Republik« aufmerksam gemacht wurde.

Demgegenüber häuft sich in der Grenzregion Sachsen/Tschechien der Übertritt minderjähriger Opfer des Menschenhandels. So berichtet Karo, ein Streetwork-Projekt für Prostituierte, dass immer mehr Kinder für einen kurzen Zeitraum zur sexuellen Ausbeutung nach Deutschland gebracht werden. Dies beobachtet man in den Wirkungsbereichen von Karo um die tschechischen Orte As, Cheb, Kynsperk, Karlovy-Vary, Sokolov, Ostrov, Jachimov und Stribo sowie die deutschen Orte Plauen, Oelsnitz, Markneukirchen, Klingenthal und Bad Brambach. Genaue Zahlen aber kenne man nicht.

Ob allerdings hinter dem Kinderhandel wirklich immer ausgeklügelte kriminelle Netze und hierarchisch strukturierte Banden stehen, ist unbekannt. Sicher wird die Organisierte Kriminalität eine Rolle spielen. Aber Ermittlungsbehörden, Versorgungseinrichtungen und Hilfsorganisationen warnen vor einer Verallgemeinerung. Nicht selten gebe es Hinweise, dass Einzelpersonen oder kleine kriminelle Gruppen sowie Gelegenheitskriminelle sich der Minderjährigen bemächtigen. Oft auch hätten diese bereits familiäre oder freundschaftliche Kontakte zu den Opfern. Die Aufdeckung sei dann äußerst schwierig.

Zwar weiß man von »Info-Börsen« in Rumänien, die über die Lage in Deutschland informieren, oder auch von Kontakten der Bandenbosse untereinander. Aber als 1999 von einer bundesweiten Bande mit festen Hierarchien die Rede war, widersprach dem ein rumänischer Jugendlicher in der Zeitschrift *Stern*: »Alles kleine Bosse mit höchstens ein, zwei Kindern und alle längst wieder zu Hause.« Eine Mafia gebe es nicht. Auch der Europol-Experte Uwe

Kranz hält die Bezeichnung »Mafia« im Zusammenhang mit osteuropäischen Staaten nicht für passend. Die *Eastern European Organized Crime* sei eine spezifische Form der organisierten Kriminalität, die nicht in mitteleuropäische Definitionsmuster passe. Dahinter müsse keine hierarchisch feste Struktur stehen.

Die Ausbeutung der Kinder als Kleinkriminelle

Der Handel mit Kindern hat weltweit gesehen unterschiedliche Ziele. Oft steht dabei die Ausbeutung von Kinderarbeit in informellen Arbeitsverhältnissen oder in der Bettelei im Vordergrund. Für Deutschland kann dies nicht behauptet werden. Obgleich immer wieder vermutet wird, dass Minderjährige zur Ausbeutung ihrer Arbeitskraft auf Wochenmärkten oder in Imbissen nach Deutschland verbracht werden, kann das niemand bestätigen. Weder Ermittlungsbehörden noch Informanten von Jugendbehörden oder freien Trägern wissen etwas darüber. Fälle von Handel mit Kindern beziehen sich in Deutschland – von dem speziellen Bereich der kommerziellen Adoption abgesehen – somit ausschließlich auf die Ausnutzung der Minderjährigen für kleinkriminelle Vergehen sowie ihre sexuelle Ausbeutung.

Was die Kleinkriminalität angeht, gerieten hier vor allem rumänische Kinder immer wieder ins Visier der Kinderhändler. Erste Erkenntnisse über die Hinterleute gibt es ab Mitte der 1990er-Jahre aufgrund der Ermittlungen zu Taschendiebstählen in Aachen, Düsseldorf, Bonn oder Köln. 1997 entdeckten die Ermittlungsbehörden einen Ring von Menschenhändlern im Kölner/Bonner Raum – dazu gehörten der bekannte rumänische Boxer Eduard Stefi und ein Diplomat der rumänischen Botschaft. Unter dem Deckmantel einer Exportfirma soll Stefi mit seiner deutschen Frau das Geschäft mit den Kindern organisiert haben. Sie sollen für 250 bis 500 Euro strafunmündige Kinder von Familien oder Heimen in Nord- und Ostrumänien gemietet oder gekauft und dann über die Ukraine und Polen nach Deutschland gebracht haben. Diese Kinder mussten hier als »Klaukinder« ein Tagessoll von bis zu 1000 Euro einholen. Die besten seien für mehrere tausend Mark weiterverkauft worden.*

Auch Stuttgart, Hamburg und Berlin wurden Zielorte der Kinderhändler. »Der Jüngste war 8 Jahre alt, die meisten unter 14. Sie wussten ganz genau, wie sie sich zu verhalten hatten«, erinnert sich Christian Schmeiduch, Oberkommissar bei der AG RumBa, der Arbeitsgruppe Rumänische Bandenkriminalität. Die Ermittler wussten schnell, dass es hier um gut informierte und organisierte Menschenhändler ging, die ihre Opfer, teilweise auch Roma-Kinder, aus Nordostrumänien – aus dem Umkreis der Städte Iasi, Suceava oder Bacau – holten. Auch Straßenkinder oder Kinder mit nur noch lockeren Familienkontakten aus Bukarest waren dabei. Die Schlepper oder Kinderhändler präsentierten sich zunächst als umsorgende »Patrone« – also Lehrherren, Arbeitgeber und Beschützer. Sie gaben vor, sich um die Zukunft der Kinder zu sorgen. Sie hielten die Kinder auf luxuriöse Weise in ihrem heimatlichen Umfeld aus. Sie boten Kleidung, Besuche in Restaurants oder Discos. Sie werteten die Minderjährigen auf.

Die AG Rumba stellte außerdem fest: Wer noch keine Karriere als Taschendieb oder Kleinkrimineller hinter sich hatte, wurde auf dem Weg nach Deutschland in den Transitländern Ukraine, Polen, Slowakei oder Tschechien angelernt. Die Einreise dort erfolgte meistens ganz offiziell – die Kinder waren in den Pässen der Schlepper als eigener Nachwuchs eingetragen. Nur die Grenze nach Deutschland wurde oft von jedem einzeln überquert. Auf der anderen Seite wartete eine Empfangsperson. »Manche versteckten sich auch in Zugwaggons«, hat Andrea Frigge-Jammeh vom Jugendamt Hamburg-Mitte erfahren können. »Sie erzählten von einer Ablage unterm Dach, wo sie zu zehn oder zwölf liegen.«

* *Der Spiegel*, 14/1998; *Die Welt*, 18. 8. 1998.

Ungewisse Zukunft: Unbegleitete Flüchtlingskinder und Opfer von Kinderhandel erhalten häufig keine ausreichende Unterstützung durch Behörden.
Foto: Luis Felipe Cueto

Ostberlin war oftmals erstes Ziel. Hier erhielten die von Rumänen oder Roma geführten Banden auch deutsche Hilfe, so Schmeiduch. So habe ein deutscher Mittelsmann Unterkünfte angemietet oder über Strohleute anmieten lassen. Dort seien die Kinder dann untergebracht worden. Auch hätten die Bosse die Kinder als Asylbewerber in Heimen untergebracht.

Allerdings blieb und bleibt es für jene Heime schwer, die Kontrolle über die Minderjährigen zu behalten, die sich meistens von den Heimmitarbeitern nichts sagen ließen, klagt Gottfried Günter, Leiter der Berliner Clearingstelle Hoffmannstraße. Für Schul- und Freizeitangebote seien sie nicht zu gewinnen. »Diese Kinder stehen mächtig unter Druck«, meinen Sozialarbeiter und Pädagogen in Berliner und Hamburger Einrichtungen. Meistens verschwänden sie morgens und kämen erst abends zurück. Erst nach drei oder vier Monaten würden sie sich langsam öffnen.

Auf ihren Diebestouren hätten diese Kinder pro Tag bis zu 1000 Euro eingespielt, 7000 Euro lautete die Höchstsumme, so die AG RumBa. Zu zweit oder dritt überrumpelten sie Kunden in Kaufhäusern, auf Märkten oder in Supermärkten. Auch Gesa Kohlhase, Mitarbeiterin einer Erstaufnahmeeinrichtung in Hamburg, kennt solche Vorgehensweisen: »Die ziehen auch los in Begleitung von zwei Männern. Einer geht vor, guckt, ob freie Bahn ist, der andere geht hinterher und passt auf, ob das Kind auch nicht wegläuft.« Denn wer sich weigert oder untertaucht, hat harte Strafen zu erwarten.

Oberkommissar Schmeiduch, AG RumBa: »Zuerst wurden Schläge angedroht, dann gab es Misshandlungen mit glühenden Zigaretten, mit Rasierklingen, auch Bedrohungen mit Messern und Schusswaffen. Es wurde ihnen gedroht, sie müssten Kot essen oder sie würden vergewaltigt – auch die Jungen. Davon haben wir bei den Kindern auch einige Spuren gesehen. Ältere Vernarbungen, Verletzungen mit Rasierklingen, mit Messern, kleine Schnitte an Unter- und Oberarmen.« Eine entflohene Gruppe von Kindern hatten die Bandenbosse zurückgeholt und tagelang an Heizungen gekettet.

Auch unter psychischem Druck litten die Kinder, berichtet Werner Pieper von der Jugendeinrichtung Woge in Hamburg. Das wisse er etwa von einem rumänischen Jungen, der von einem Schlepper aus seinem Heimatort abhängig ist: »Dieser Mann droht ihm ständig. Wenn er nicht mehr für ihn arbeite, werde er in Rumänien den Behörden bestimmte Informationen weiterleiten und der Familie des Jungen Probleme bereiten.«

Die Sozialpädagogin Antje Grez erfährt bei einer Recherche zu den »Klaukindern« 1998 und 1999, dass Mädchen, die nicht zum Diebstahl eingesetzt werden, sondern die Wohnungen versorgen müssen, ebenfalls stark leiden: »Für die jungen Frauen bedeutet dieses Dasein Gefangenschaft und ständige Erniedrigung. Tägliche Prügel, sexueller Missbrauch und Vergewaltigungen durch mehrere Personen sind keine Einzelfälle. Häufig werden sie auch zur Prostitution eingesetzt.«*

Nachdem die AG RumBa, die über ein umfangreiches Archiv zur rumänischen Bandenkriminalität verfügt, den Fahndungsdruck gegenüber Bandenbossen erhöht hat gegen sie ermittelt oder einige in Untersuchungshaft genommen hat und nachdem auch andere Polizeidienststellen stärker ermittelt haben, sei die Kriminalitätsrate durch diese Banden zurückgegangen, heißt es. Heute kämen verstärkt Meldungen aus Belgien, Frankreich und vor allem aus der Schweiz. Dennoch wissen Hamburger und Berliner Jugendeinrichtungen noch immer von aktuellen Fällen zu berichten. »Die kommen weiterhin«, heißt es aus mehreren Quellen: »Man lässt sich nur nicht mehr so leicht erwischen.«

* Antje Grez, »Klaukinder – Rumänische minderjährige Flüchtlinge und Angebote der Jugendhilfe«, Diplomarbeit an der Fachhochschule Potsdam, 1999.

Noch weniger ist über den Kinderhandel zum Zwecke der sexuellen Ausnutzung bekannt. Dennoch haben Jugendeinrichtungen Hinweise, dass zum Beispiel rumänische Mädchen, die bei ihnen untergekommen sind, zur Prostitution gezwungen werden. »Die sind manchmal geschminkt, sehr aufgemacht und gut angezogen auf die Straße gegangen«, sagt ein Hamburger Amtsvormund. »Und als sie wiederkamen, haben sie viel geduscht.« Das seien eindeutige Anzeichen. »Die Mädchen sind sehr distanziert«, berichtet auch Gesa Kohlhase von der Erstversorgungseinrichtung Maienweg in Hamburg. Näheres erführen die Heimmitarbeiter nur selten. Aber sie sind sich sicher: Auch Minderjährige anderer Länder seien zur sexuellen Ausbeutung nach Deutschland verbracht worden. Laut Kohlhase hat ihre Einrichtung zeitweise auch minderjährige Westafrikanerinnen aufgenommen, die über Freier hergebracht wurden.

Doch diese Fälle zählen hierzulande nicht zum Kinderhandel, sondern werden unter dem Begriff »Frauenhandel« erfasst. Und ein Bericht des Bundeskriminalamtes über Menschen- bzw. Frauenhandel bestätigt das. Unter den erfassten Opfern finden sich auch 14- bis 17-Jährige. 27 Minderjährige sind laut BKA 1999 bei Eingriffen der Polizei aufgegriffen worden. 1995 waren es noch 107.* Die Zahlen der Opfer wie der Verfahren gegen Täter nehmen ab, so der Bericht. Das lässt vermuten, dass auch der Kinderhandel abnimmt. Doch das BKA führt in dem Bericht auch »mögliche Gründe für abnehmende Verfahrenszahlen« an: die »schwache personelle Besetzung der zuständigen Kommissariate« und die »breite Aufgabenpalette der zuständigen Kommissariate, die es kaum zulässt, dass das Kontrolldelikt Menschenhandel auch sachgerecht verfolgt wird«.

An der Basis wird diese Einschätzung geteilt. Zum Beispiel im Polizeipräsidium Bielefeld. Eine Kriminalkommissarin, zuständig für Gewaltdelikte gegen Mädchen und Frauen, hält viele Polizei-

* Bundeskriminalamt, »Lagebild Menschenhandel«, Wiesbaden 1999.

dienststellen in ländlichen Regionen für unterbesetzt. Es fehlten spezielle Kommissariate für Sexualdelikte. Barbara Meier-Beck, im Frauenministerium Nordrhein-Westfalen mit der Bekämpfung von Menschenhandel befasst, hält daher die bekannten Fälle von Frauen- und Kinderhandel »nur für die Spitze des Eisbergs«. Als Begründung nennt sie eine Erfahrung aus dem Saarland: »Das Bundesland hatte etwa 1995 recht niedrige Opferzahlen beim Frauenhandel. Es wurde eine spezielle Sonderkommission eingerichtet, die mehr Razzien durchführte. Dann gab es plötzlich das Fünffache der bisherigen Opferzahlen.«

Verschiedene Nachrichten unterstützen diese These. So haben Recherchen der niederländischen Sektion von terre des hommes in mehreren Städten des Nachbarlandes ergeben, dass dort 300 bis 400 minderjährige Mädchen aus Nigeria als Prostituierte arbeiten. Zudem sollen rund 400 junge Frauen und Mädchen aus Nigeria, Liberia, Sierra Leone und dem Sudan in den vergangenen drei Jahren aus Flüchtlingseinrichtungen in den Niederlanden verschwunden sein. terre des hommes vermutet, dass von diesen einige als Prostituierte ausgenutzt werden. Es könne auch sein, dass Mädchen nach Belgien und Deutschland gebracht wurden.

Weitere Angaben können diese Vermutung erhärten: Immer wieder sind in der Justizvollzugsanstalt Neuss in Nordrhein-Westfalen, bekannt als Abschiebehaftanstalt, weibliche Minderjährige inhaftiert, die als Prostituierte gehandelt wurden. Die Kölner Beratungsstelle von Agisra (Arbeitsgemeinschaft gegen internationale sexuelle und rassistische Ausbeutung), die Kontakt zur Justizvollzugsanstalt Neuss unterhält, kennt im Zusammenhang mit diesem Mädchenhandel Fälle aus Afrika sowie aus Polen, Tschechien und den GUS-Staaten. Mit dem Versprechen einer Ausbildung oder einer Arbeit würden diese nach Deutschland gelockt, sagt Agisra-Mitarbeiterin Jae-Soon Joo-Schauen. Weder über die Wege hierher noch über die Schleuser könnten die Mädchen Auskunft geben. Oft wüssten sie nicht, dass sie verkauft worden seien.

Agisra kritisiert, dass über viele Frauen und Mädchen erst gar nichts bekannt werde. »Die werden vorher abgeschoben, ohne dass wir etwas erfahren«, sagt Agisra-Mitarbeiterin Bettina Vitt. Dabei müssten laut Erlass einiger Landesregierungen solche Beratungsstellen für Opfer von Frauenhandel stets kontaktiert werden.

Die Täterhintergründe sind auch hier nicht auf eindeutige oder mafiose Strukturen zurückzuführen. Bettina Vitt: »Es gibt unterschiedliche Mechanismen. Es gibt sicher den Bereich, wo das mit großem Aufwand organisiert wird, andererseits aber auch ein oder zwei Männer, die hinter dem Transfer stecken und Kontakte zu ein oder zwei Clubs und Bordellen hierzulande haben. Es gibt auch Personen, die das völlig auf eigene Faust versuchen.« Auch die Mitternachtsmission in Dortmund, die ebenso Prostituierte und Opfer von Menschenhandel berät und unterstützt, bestätigt solche Angaben.

Wie hoch der Anteil an minderjährigen Mädchen im Frauenhandel ist, lässt sich bislang kaum feststellen. Die Dortmunder Mitternachtsmission weiß jedoch, dass in der Region um Dortmund mehr als in anderen Regionen Nordrhein-Westfalens in den letzten Jahren mit steigender Tendenz nicht nur Frauen, sondern auch Minderjährige aus Osteuropa auftauchten. »Es ist auffällig, dass die Anzahl der Minderjährigen mehr wird«, so Andrea Hitzke. »Das jüngste Mädchen, mit dem wir Kontakt hatten, war 14 Jahre alt und war bereits mit 11 Jahren nach Deutschland gekommen.« Häufig seien die Mädchen in ihren Herkunftsländern von Landsleuten in Discotheken oder jugendlichen Treffpunkten angesprochen worden: »Mit dem Versprechen, wir bringen dich nach Deutschland, dort ist das Leben viel schöner.«

Hier würden die Minderjährigen dann in Wohnungen bewacht und an Zuhälter verkauft. Die Bordelle, in denen sie bei Razzien festgenommen würden, seien in den Händen von Deutschen, Türken oder Albanern. Auch laut BKA-Statistik stellen beim Frauenhandel die Deutschen mit 38,9 Prozent den größten Anteil der Täter, gefolgt von Türken mit 15,3 Prozent.

Eines der Opfer, die bei solch einer Polizeirazzia aufgegriffen wurde, ist die 15-jährige Valeria. Die junge Lettin wurde der Dortmunder Mitternachtsmission übergeben. Bei einer Party in ihrer Heimat war sie entführt, in Deutschland in einem bewachten Haus schwer misshandelt und mehrmals vergewaltigt worden. Erst nach drei Monaten traf die Polizei sie in einem körperlich und seelisch desolaten Zustand an. Valeria war schwanger, litt unter einer schweren Infektion und Depressionen. Sie fügte sich Schnittverletzungen zu und meinte, nun für immer eine Prostituierte zu sein. Zudem wollte sie nicht in ihr Dorf zurückkehren aus Angst, die Menschenhändler könnten sie dort wieder finden.

Über solche Schicksale wissen mehrere Frauenprojekte zu berichten. Die Organisation Solwodi in Rheinland-Pfalz erfährt bei ihrer Arbeit, dass das Durchschnittsalter der gehandelten Frauen immer jünger wird und auch Minderjährige angetroffen werden: »Bei der Anwerbung in Discotheken oder Modellagenturen stellen ihnen die Menschenhändler seriöse Jobs oder eine Urlaubsreise in Aussicht.« Nicht selten versuchen die Menschenhändler, die Minderjährigen hier als Erwachsene auszugeben. So wurde eine 15-Jährige aus Nigeria erst nach der dritten Razzia in einem Bordell als Minderjährige erkannt, berichtet eine Solwodi-Mitarbeiterin. Die Bordellbetreiber hatten sie mit falschem Pass bei der Stadt als 21-jährige Prostituierte eintragen lassen. Das Mädchen war in Nigeria für eine Putzstelle in einer Familie in Deutschland angeworben worden.

Kinderhandel zur sexuellen Ausbeutung schließt allerdings nicht nur Mädchen ein. Für Frankfurt am Main berichtet ein Kriminalhauptkommissar vom dortigen Polizeipräsidium, dass unter den jugendlichen Strichern der Stadt sich in den vergangenen Jahren auch Jungen aus Tschechien, Polen oder Rumänien befunden hätten, die teilweise Opfer von Menschenhändlern waren. Ein Teil sei später nach Amsterdam vermittelt worden.

Nicht nur der Handel mit diesen älteren Kindern und Jugendlichen wächst. Spätestens seit den Berichten über ein mögliches Netzwerk von belgischen, niederländischen und deutschen Kinderhändlern um den belgischen Kinderschänder Marc Dutroux wird überdeutlich, dass der Handel von jüngeren Kindern und auch Kleinkindern zum Zweck der sexuellen Misshandlung wohl weiter verbreitet ist, als man denkt. Die Kontakt- und Informationsstelle gegen sexuellen Missbrauch an Jungen und Mädchen, Zartbitter, in Köln erhält regelmäßig Hinweise auf dieses Phänomen.

Eine neuere Variante der Händler beziehungsweise Päderasten sei dabei die Adoption der Kinder. So weiß Zartbitter von Fällen, in denen Deutsche über Heiratsagenturen per Katalog Lateinamerikanerinnen mit Kind suchten. Sie heirateten diese, adoptierten Kinder und begännen, diese sexuell zu misshandeln. In einem Fall werde gegen das Mitglied einer angesehenen Kölner Familie ermittelt. In einem anderen Fall habe ein Deutscher eine Rumänin zur Frau genommen und später ihr 2-jähriges Kind für Pornoproduktionen missbraucht. Etwa sechs oder sieben Mal pro Jahr träten solche Fälle in der Kölner Beratungsstelle auf. Auch in Berlin weiß eine Sozialarbeiterin von einem Mann zu berichten, der einen vietnamesischen Jungen adoptiert hatte, um ihn dann für Pornofilme auszubeuten.

Diese Fachleute warnen davor, die pädokriminelle Szene zu unterschätzen. Die Szene stoße auf reichlich Nachfrage. Das zeigt die wachsende Nutzung von Kinderpornografie und vor allem die ständig schwindende Hemmschwelle der Konsumenten, die ausufernde Gewalt gegenüber Kindern zu akzeptieren. Immer häufiger dringen kinderpornografische Produkte mit unvorstellbarer Grausamkeit nach Deutschland. Und immer häufiger werden dafür Kinder in Osteuropa ausgenutzt.

Dass die Kinderpornoringe sich ohne Hemmungen ausbreiten, davor warnt seit Jahren der Journalist und Internet-Experte Detlef

Drewes. Mittlerweile nehmen ihn Polizeibehörden sehr ernst. »Allein in Deutschland sollen es zwischen 30 000 und 50 000 Konsumenten kinderpornografischer Produkte sein«, so Kriminaldirektor Hans-Friedrich Probst von der Landespolizeischule Lautzenhausen.* Mehrere Recherchen zeigen auch: Pädophile und Päderasten stützen sich auf weltweite geheimbündlerische Netze und entziehen sich als scheinbar ehrbare Bürger zum Teil geschickt jeder Strafverfolgung.

Wenn Kinderpornografie hierher gelangt, verschleppen Kinderpornoringe dann auch Minderjährige nach Deutschland? Ermittlungsbehörden wissen dazu bisher nichts. So gibt das Landeskriminalamt Sachsen an, keinerlei Erkenntnisse über Handel mit Kindern im Grenzbereich Tschechien/Sachsen zu haben. Dagegen konnte die Plauener Organisation Karo, die grenzübergreifende Sozialarbeit für Prostituierte leistet, wiederholt beobachten, dass von tschechischer Seite aus Mädchen und Jungen ab 9 Jahren von Freiern über die Grenze nach Deutschland gebracht wurden, um sie dort sexuell auszubeuten.

»Kinderprostitution hat stark zugenommen«, so Karo-Mitarbeiterin Cathrin Schauer. »Es werden in jüngster Zeit auch Kinder angeboten, die 1 Jahr alt sind.« Man könne es nicht mit Zahlen belegen, doch wisse Karo namentlich bekannte Fälle, in denen deutsche Männer Kinder zu pornografischen Zwecken nach Deutschland bringen. Auch seien Fälle bekannt, in denen Mütter und Kinder in die Prostitutionsszene vermittelt würden. Die Grenzbehörden sagten dazu, dass sie keine Eingriffsmöglichkeiten bei der Ausreise tschechischer oder slowakischer Kinder in den Wagen Deutscher hätten, wenn die Kinder einen gültigen Pass mit sich führten.

* Hans-Friedrich Probst, »Kinderhandel und sexuelle Ausbeutung von Kindern«, Seminarvortrag an der Landespolizeischule Rheinland-Pfalz, Lautzenhausen, März 2000.

Die Prager Regierung nannte Kinderstrich und Handel mit Kindern im deutsch-tschechischen Grenzgebiet bisher stets »eine Seifenblase«. Doch die Erkenntnisse um die Skandale in Belgien, den Niederlanden und Deutschland lassen vermuten, dass es um mehr geht. »Es gibt Tarnorganisationen der verschiedensten Art und es gibt Verbindungen, Vernetzungen, Verbrüderungen und Seilschaften, die mitten unter uns unerkannt und unentdeckt, einem Geheimbund gleich, agieren«, schreibt Kriminalhauptkommissar Manfred Paulus von der Polizeidirektion Ulm.*

Diese Geheimbünde würden regelmäßig illegale Zeitschriften herausgeben: »Sie werden zum Teil hier in Deutschland hergestellt oder aber über dunkle Kanäle in die Bundesrepublik, in die Schweiz oder nach Österreich gebracht und mit einem beachtlichen Organisationsniveau vertrieben und verteilt. Nicht selten enthalten solche Produkte neben kinderpornografischen Aufnahmen auf hochwertigem Glanzpapier auch einen Annoncenteil, in dem die Ware Kind als Sexualobjekt ganz offen gesucht und angeboten wird.« Ein von Paulus genanntes Beispiel lässt erstarren: »Chiffre Nr. 112-3 bietet zwei Polenmädchen, eines 11, eines 12 Jahre alt, eines angestochen, eines nicht. Wochenendpreis 2500 DM.«

Körperliche und psychische Schäden

Die Gewaltbereitschaft von Menschenhändlern ist bekanntlich äußerst groß, das erfahren auch minderjährige Opfer. Doch nicht allein physische Verletzungen werden ihnen zugefügt. Auch der enorme psychische Druck macht den jungen Menschen zu schaffen: die Trennung von dem Zuhause, die große Unsicherheit in der Fremde sowie das absolute Ausgeliefertsein. Die Menschenhändler halten sie mit ständigen Drohungen in Schach: Sollten sie an Flucht denken, würde die Familie leiden; man werde die Eltern

* Manfred Paulus, »Sexuelle Gewalt gegen Kinder«, Kriminalpolizeiliche Erfahrungen, *Polizeispiegel* 3/1999.

über die sich prostituierende Tochter informieren; ohnehin werde man die Flüchtige spätestens in ihrem Heimatdorf wiederfinden.

Viele junge Mädchen leiden stark unter dem Gefühl, für immer als Prostituierte abgestempelt zu sein oder nicht mehr aufgenommen zu werden in der Familie oder der Heimat. Selbst wenn sie von Hilfsprojekten betreut werden, sehen sie ihre Lage als aussichtslos an, berichtet die Dortmunder Mitternachtsmission. Beispiel: Während eine 15-Jährige auf die Rückkehr in die Heimat wartet, fügt sie sich oft Schnittverletzungen zu. Sie glaubt, an dem, was ihr die Menschenhändler angetan haben, selbst schuld zu sein. Zudem denkt sie, dass sie nun Prostituierte sei, da sie so lange als Prostituierte gearbeitet hat. Sie meint, sie sei schlecht. Sie hat Angst, mit ihrer Familie über alles zu sprechen, da sie glaubt, diese würde sie verurteilen und ablehnen. An ein normales Leben glaubt das Mädchen nicht mehr. Zwar wünscht sie sich einen Freund, sie will später heiraten und Kinder haben. Allerdings denkt sie, dass kein anständiger Mann sie noch heiraten wird.

Aufnahme, Unterbringung und pädagogische Betreuung

Wer so misshandelt wurde, müsste behutsam aufgenommen werden. Doch nicht immer ist das der Fall. Soweit vorhanden, übernehmen in größeren Städten Kinder- und Jugendnotdienste zunächst die pädagogische Betreuung. Aber die Dienste mussten feststellen, dass Opfer von Menschenhandel sich oft »nicht halten lassen«, sagen Mitarbeiter. Oft seien die Minderjährigen »verschwunden, ehe man sich umgesehen hat«. Da Kinder- und Jugendnotdienste vor allem aufgrund sprachlicher Hürden nicht auf die Aufnahme minderjähriger unbegleiteter Ausländer eingerichtet sind, werden die Opfer an »Clearingstellen« oder »Erstaufnahmeeinrichtungen« weitergereicht. Diese bieten Unterkunft, Freizeitgestaltung, kurzzeitige Bildungsangebote und Hilfe bei Behördengängen.

Soweit keine Sorgeberechtigten ausgemacht werden, erhalten

die Kinder Duldungen oder Aufenthaltsbefugnisse. Minderjährige allerdings, die laut vorliegender Personalpapiere 16 Jahre alt sind oder durch Altersgutachten auf 16 Jahre und älter geschätzt werden, verfügen nicht über diese Sicherheit. Oft werden sie in aussichtslose Asylverfahren gedrängt, beschweren sich Betreuer. Für diese »Asylverfahrensmündigen« kommt Jugendhilfe dann nur noch bedingt zum Tragen.

Doch in der Vergangenheit wurden auch immer wieder unter 16-Jährige in solche Verfahren gedrängt. Berliner Flüchtlingsorganisationen wissen etwa von dem Fall der 14-jährigen Elena zu berichten, die Ende der 1990er-Jahre von Schleppern aus Rumänien nach Deutschland gebracht wurde, aber in eine Jugendunterkunft fliehen konnte. Nach Ablehnung eines Asylantrages wurde die Rückführung eingeleitet. Die Flüchtlingsgruppen erfuhren davon und meldeten den Fall zur Beratung der Härtefallkommission des Berliner Senats. Doch ohne die Beratung abzuwarten, stellte die Senatsverwaltung für Inneres die »kindgerechte Inobhutnahme« der nun 14-Jährigen in Bukarest fest. Schnelle Nachforschungen der Flüchtlingsgruppen ergaben jedoch, dass die Aufnahmestelle, auf die Bezug genommen wurde, noch immer »in der Projektierungsphase« war. Monate nach der Rückführung erfahren sie, »dass Elena auf dem Straßenstrich in Tschechien ist«.

Dabei benötigen die engagierten Mitarbeiter der öffentlichen oder frei getragenen Einrichtungen in dieser Lage Hilfe durch einen gesicherten Aufenthaltsstatus. Stoßen sie doch bei den Opfern oft auf Angst oder Desinteresse. Die Kinder seien distanziert, aggressiv oder verletzlich, erklärt Werner Pieper von Woge in Hamburg. »Man kann sie ganz schlecht einbinden«, sagt Andrea Frigge-Jammeh vom Jugendamt Hamburg-Mitte. Die Gründe seien Verschlossenheit und die ständige Abwesenheit: »Sie tauchen zwar immer mal wieder auf, wenn sie einen Schlafplatz benötigen oder sich satt essen wollen. Aber sie sind auch schnell wieder verschwunden.« Einige Jugendbehörden dulden diese Fluktuation:

»Die Kinder sollen wissen, dass sie die Möglichkeit einer Zuflucht haben, wenn es brenzlig wird«, heißt es. Man weiß, dass die abhängigen Minderjährigen in Hotels, Pensionen oder Privatwohnungen untergebracht sind, ständig beobachtet werden und es schwer haben, sich dem Druck ihrer »Patrone« zu entziehen.

Auch der von den Kinderhändlern versprochene gehobene Lebensstandard erklärt, dass die Minderjährigen die Angebote der Jugendhilfe oft nicht annehmen. »Was sollen sie mit unserem Taschengeld, wenn sie am Tag beim Diebstahl mehrere hundert oder tausend Mark machen?«, fragen sich die Mitarbeiter der Einrichtungen. Entsprechend selbstbewusst, arrogant oder kaltschnäuzig sei deshalb das Verhalten gegenüber Erwachsenen.

Zeugen wird es nicht immer leicht gemacht

Dabei könnten sich die betroffenen Minderjährigen ihrem aufer-zwungenen Umfeld durchaus entziehen, wenn man es ihnen leicht machte. »Zeugenschutzprogramme« böten diese Gelegenheit. Voraussetzung dafür ist die Aussicht auf Aufklärung. Es muss sich also um Zeugen handeln, die für das Strafverfahren Entscheidendes aussagen. Minderjährige, die dazu bereit sind, erhalten dann eine neue Identität und werden für die Zeit der Ermittlungs- und Gerichtsverfahren in Unterkünften untergebracht, die nur den polizeilichen Zeugenschutzdienststellen, Jugendschutzbehörden oder freien Trägern bekannt sind.

Jedoch stoßen diese Programme auf geteilte Resonanz. So gibt es Erfahrungen, dass sich Jugendliche trotz eingehender Betreuung wieder dem alten kriminellen Milieu zuwenden und Ausbildungsangebote nicht wertschätzen. Andererseits kritisieren freie Einrichtungen, dass der Rahmen der Zeugenschutzmaßnahmen nicht immer ausreiche. Lea Ackermann von Solwodi bemängelt, dass Zeugen oft nur vier Wochen Zeit gelassen werde, um sich für ein solches Programm zu entscheiden. Jugendliche seien aber oft traumatisiert und nicht sofort aussagebereit.

Die Beratungsstelle Agisra bemängelt, dass Opfer, die gegen Frauenhändler aussagen, während der Verfahrenszeit keine Ausbildung und Arbeit erhielten. »Ein Jahr oder mehr drehen sich diese Frauen oder Mädchen mit ihren Geschehnissen im Kreis. Wenn man da nicht verrückt wird, ist das ein Wunder«, so Bettina Vitt. Hier fehle die Basis für eine spätere Ausreise. Bildungsangebote könnten viel eher dazu motivieren, sich an Zeugenschutzprogrammen zu beteiligen. Auch gebe es keine angemessene Therapie für traumatisierte Betroffene. Nicht gesichert ist auch der positive Ausgang der Gerichtsverfahren für die Opfer. Laut Dortmunder Mitternachtsmission scheitern Verfahren am psychischen Druck der Täter, denen die Minderjährigen oft Monate lang ausgesetzt sind. Dann wüssten sie nicht mehr, wann sie von wem misshandelt wurden, und wirkten unglaubwürdig, berichtet Andrea Hitzke von der Mitternachtsmission. Werden Verfahren und Zeugenschutz dann eingestellt, leben die Opfer doppelt gefährlich.

Allerdings: Oft kommt der Schutz nicht zum Tragen, da es anscheinend kaum Interesse an einer Aufklärung möglicher Hintergründe von Kinder-, Frauen- oder Menschenhandel gibt oder Ausländerbehörden mit einer überhasteten Rückführung Zeugenaussagen verhindern. Vielen Mitarbeitern von Jugendeinrichtungen sind Fälle bekannt, wo Minderjährige nach Ermittlungsverfahren oder Razzien in Abschiebehaft genommen oder in eine Jugendeinrichtung vermittelt wurden und dann wegen fehlender Aufenthaltspapiere in ihre Heimat abgeschoben wurden.

Beispiel: der 15-jährige Rumäne A, der sich nach einem monatelangen Aufenthalt in einer Hamburger Einrichtung den Betreuern öffnet und von seiner Ausnutzung durch Schlepper und Kinderhändler erzählt. Der Junge habe sich unter schwerem psychischem Druck, aber ganz bewusst von diesen Abhängigkeiten gelöst, so ein Mitarbeiter: »Der hatte furchtbare Angst, verprügelt zu werden.« Vielleicht wäre es bald zur Aussage gekommen, so der Betreuer, hätten ihm die Behörden eine ausreichende Sicherheit vor Verfolgung geboten. Doch heute ist das nicht mehr möglich. Der Junge, der aus absolut desolaten Familienverhältnissen stammt, wurde nach Rumänien abgeschoben. Seitdem sitzt er dort im Gefängnis.

Rückführung in die Unsicherheit

Kinderhandel kann durch unüberlegte Rückführungen für die Täter zum gefahrlosen Delikt werden, während gleichzeitig die Opfer einer erneuten Gefährdung ausgesetzt sind. Denn nach Aussagen mehrerer Mitarbeiter in Aufnahmeeinrichtungen verläuft anscheinend ein Teil der Rückführungen äußerst unglücklich. Zwar hat für die Rückführung unbegleiteter minderjähriger Ausländer der nichtstaatliche Internationale Sozialdienst (ISD) mit Sitz in Frankfurt am Main ein Netz von Mitarbeitern und Partnerorganisationen in rund 100 Ländern. Damit kann in einigen Monaten abgeklärt werden, wie und von wem die Minderjährigen in ihrem Herkunftsland aufgenommen werden. Aber der ISD erhält nach eigenen Angaben nicht immer Anfragen zur Rückkehrabklärung.

In Hamburg und Berlin – so belegen mehrere Quellen – sind in der Vergangenheit teilweise weder Vormünder und Heimmitarbeiter noch der ISD vor Rückführungen durch die Ausländerbehörden informiert worden. Angesichts fehlender Sicherheit und Absprache der Behörden untereinander ist es verständlich, dass sich Minderjährige einer drohenden Abschiebung entziehen. »Wir haben oft erlebt, dass rumänische Mädchen vor der Abschiebung untertauchen und sich selbst in der Stadt durchschlagen«, so die Mitarbeiterin einer Einrichtung in Hamburg.

Kein Wunder: Die soziale Lage im Herkunftsland lädt nicht zur Rückkehr ein. So konnten Mitarbeiter von Hamburger Jugendeinrichtungen bei einer Reise nach Rumänien feststellen, dass es keine Jugendhilfestruktur nach unserem Verständnis gibt, dass das Jugendhilfeverständnis unterschiedlich und eine Reintegration in die Familie vielfach unmöglich ist. Es mangele an Jugendhilfeeinrichtungen und die Inobhutnahme durch bestehende Einrichtungen schlage oft fehl, so ihr Fazit: »Abschiebungen dorthin haben wenig Sinn; die kommen wieder zurück.«

Zwar wächst laut ISD in Rumänien das Bewusstsein für Jugendhilfe. Es gebe ein breites Angebot ausländischer Hilfsorganisationen. Aber trotz einiger Fortschritte herrscht in hiesigen Jugendhilfeeinrichtungen Unsicherheit vor über das, was den Abgeschobenen in der Heimat widerfährt. Denn sowohl rumänische wie auch kurdische Jugendliche berichten immer wieder, dass ihnen nach einer Rückkehr Verfolgung, Misshandlung oder Tod drohe. Selbstmordversuche unter jugendlichen Ausländern, die vor der Abschiebung stehen, sind nicht selten.

Ein anderer Ausweg ist die Flucht in die Illegalität oder in ein Nachbarland. Oder weit darüber hinaus, wie eine Betreuerin einer Hamburger Erstversorgungseinrichtung für Mädchen weiß: »Wir erleben es zum Beispiel, dass Mädchen, die aus Sierra Leone gekommen sind, verschwinden und dann in den USA wieder aufgetaucht sind.«

KINDERHANDEL IN DER BUNDESREPUBLIK DEUTSCHLAND

Zwecke des Kinderhandels

- Sexuelle Ausbeutung
- Ausbeutung in illegalen Tätigkeiten
- Kommerzielle Adoption

Sexuelle Ausbeutung

- Zwangsprostitution von Mädchen und jungen Frauen aus Osteuropa, Afrika, Asien und Lateinamerika.
- Adoption von Kindern aus Afrika, Asien und Lateinamerika mit dem Ziel, diese sexuell zu missbrauchen. Ermöglicht werden Adoption und sexueller Missbrauch nach Aussage einer Hilfsorganisation durch die Heirat der Täter mit den Müttern der Kinder.
- Insgesamt soll es nach Schätzungen in Deutschland mehrere zehntausend Konsumenten von pornografischen Produkten mit Kindern geben. Diese stützen sich auf weltweite, getarnte Netzwerke, was die Strafverfolgung erschwert. Informationen werden u. a. durch illegal hergestellte und vertriebene Zeitschriften, vor allem aber über die neuen Kommunikationstechnologien verbreitet. Jeden Monat tauchen etwa ein oder zwei neue minderjährige Opfer im Netz auf.

Ausbeutung in illegalen Tätigkeiten

- Vorwiegend Kinder und Jugendliche aus Osteuropa werden zu Diebstählen angeleitet.
- Der Weg nach Deutschland führt über die Transit- und Nachbarländer der Ukraine, Slowakei oder Tschechien. In diesen Ländern sollen die Kinder teilweise auch ihre »Ausbildung« im Stehlen erhalten haben.
- Die Einreise erfolgt entweder »legal«, indem die Kinder z. B. in Pässe von Mitgliedern der kriminellen Gruppierungen eingetragen werden, oder illegal unter Umgehung der Grenzübergangsstellen.
- Am Zielort werden die Kinder durch Gewalt und Drohungen zum Diebstahl gezwungen und dabei von Mitgliedern der kriminellen Gruppen überwacht.
- Schwerpunkt der Aktivitäten sind die bundesdeutschen Großstädte und Ballungsgebiete, insbesondere das Ruhrgebiet, Stuttgart, Hamburg und Berlin.
- Das Alter der Kinder liegt zwischen 8 und 14 Jahren, also unterhalb der Altersgrenze zur Strafmündigkeit.

Kommerzielle Adoption

- In vielen westeuropäischen Ländern gibt es mehr adoptionswillige Paare als Babys, die zur Adoption freigegeben werden. Aus dieser Nachfrage hat sich ein Markt entwickelt, auf dem Kinder auf teilweise kriminelle Art und Weise beschafft und an den offiziellen Adoptionsstellen vorbei gegen hohe Summen vermittelt werden.
- Vermittlungsagenturen arbeiteten in den vergangenen Jahren zunehmend über das Internet.

- Über die Zahl der illegal nach Deutschland gelangten Kinder gibt es keine genauen Erkenntnisse.
- Mit dem Inkrafttreten der Haager Konvention zur grenzüberschreitenden Adoption in Deutschland Anfang 2002 dürfte der Adoptionskinderhandel jedoch deutlich erschwert werden.

Herkunftsländer

- Rumänien (Adoptionen Anfang/Mitte der 1990er-Jahre)
- Rumänien (Diebstahl, Prostitution, Bettelei)
- Arabischer Raum (Drogenhandel)
- Kurdistan (Drogenhandel)
- Afrika (Prostitution)
- GUS-Staaten (Prostitution)
- Tschechien (Prostitution)
- Slowakische Republik (Prostitution)

Personen(gruppen), die in Kinderhandel involviert sind

- Organisierte Kriminalität
- Einzelpersonen
- Familienmitglieder, Freunde
- kleine kriminelle Gruppen
- deutsche Kontaktpersonen

Faktoren, die Kinderhandel begünstigen

- Fehlende Statistiken und Hintergrundinformationen über nationalen oder internationalen Kinderhandel, über die Anzahl der betroffenen Kinder, über Routen oder Herkunftsländer.
- Fehlende Statistiken über die Beteiligung von minderjährigen Jugendlichen an organisierter Bettelei, Diebstahl, illegaler Kinderarbeit oder kommerziellem sexuellem Missbrauch.
- Nicht ausreichende Zahl speziell für die Delikte im Bereich Kinderhandel ausgestattete und ausgebildete Ermittlungsgruppen bei der Polizei.
- Fehlende Hilfsangebote für die Opfer von Kinderhandel.

Quelle: Uwe Pollmann, »Handel mit Kindern und Minderjährigen in die Bundesrepublik Deutschland«, terre des hommes Deutschland, Osnabrück 2001.

MIT LEIB UND SEELE VERPFÄNDET
Kinderhandel von Afrika nach Europa

VON BIRGIT SCHWARZ

Die Nigerianerin Joy Momo* stand kurz vor dem Schulabschluss, als sie zu ahnen begann, dass ihre Zukunftsträume an den realen Zuständen in ihrem Land zerschellen würden wie kindliche Fantasien an den ernüchternden Einwänden Erwachsener. Ein Auto und ein Haus hatte sie dem Vater versprochen, einem mittellosen Wachmann, dessen Elend sie beschämte und schmerzte zugleich. Doch während das Geld immer mehr an Wert verlor, wurden auch die Jobs immer rarer. Und Joys Aussichten auf ein besseres Leben schwanden dahin. Als ihr ein wohlhabender Unbekannter anbot, sie nach Europa zu bringen, wartete sie nicht einmal ihre Examensergebnisse ab. Mit dem Mut der Verzweiflung stürzte sie sich in ein Abenteuer, dem sie nicht gewachsen war.

Voodookult und falsche Papiere

Joys Landsmännin Taye Adewale war 14 Jahre alt, als eine Bekannte sie in einen »Klub« einlud, der sich als geheime Sekte erwies. Diese brachte ihren Göttern Menschenopfer dar und stellte Taye vor die Wahl, weitere Mädchen mitzubringen oder selbst zu sterben. Ein Mann, der von ihrer Notlage erfuhr, erbot sich, ihr zur Flucht zu verhelfen. Und so kam Taye im Frühjahr 2000 mit ge-

* Die Namen aller Opfer wurden geändert, um diese vor Nachstellungen zu schützen.

fälschten Papieren auf Londons Flughafen Gatwick an. Dass Taye die Kontrolle über ihr Leben nicht verlor, verdankt sie einer aufmerksamen Sozialarbeiterin und einem Sondereinsatz der britischen Polizei. Doch lebt sie seither in Todesangst vor jenen, die sie nach Europa schleusten, und vor dem Voodoozauber, mit dem sie sie sich gefügig machten.

Die Britin Lynne Chitty arbeitete bereits seit zehn Jahren für den Sozialdienst von West Sussex, als sie ins Visier von Leuten geriet, die vor nichts zurückschrecken. Chitty kümmert sich um unbegleitete, minderjährige Migranten und Asylsuchende, und da Gatwick in ihrem Zuständigkeitsbereich liegt, hat sie in den vergangenen Jahren etliche junge Afrikanerinnen kommen und verschwinden sehen. Weil die rührige 48-Jährige aber mit mütterlicher Hingabe über ihre Schutzbefohlenen wacht, ist sie einem Phänomen auf die Spur gekommen, von dem sie glaubte, dass es vor 150 Jahren abgeschafft worden war: dem illegalen Handel mit Menschen zum Zwecke ihrer Ausbeutung. Seither lebt sie gefährlich.

Das erste Mädchen entschlüpfte Chittys Wachsamkeit im September 1995. Verdacht, dass die Teenager nicht aus eigenem Antrieb gingen, schöpfte die Sozialarbeiterin erst zwei Jahre später, als sich binnen weniger Wochen fünf ihr anvertraute Westafrikanerinnen aus Wohnheimen in den südenglischen Küstenstädtchen Hove und Worthing davonstahlen. »Sie waren alle sehr hübsch und sehr jung, hatten ähnliche Gepäckstücke bei sich, reagierten verstockt auf Befragungen und wollten nach Ankunft unbedingt telefonieren«, erinnert sich Chitty. Doch am auffälligsten seien die kleinen Narben auf Brust und Oberarmen, unter den Achseln und zwischen den Schenkeln gewesen, die mit Stammesmarkierungen nur eines gemeinsam hatten: dass sie mit Messern eingeritzt worden waren.

Chitty begann Buch zu führen und alarmierte die Polizei. Nachdem insgesamt 10 Mädchen zwischen 16 und 17 Jahren verschwunden waren, nachdem Chitty zahllose Faxe an die Behörden geschickt hatte, in denen sie auf die Ähnlichkeiten der Fälle hinwies, nachdem sie wiederholt und mit wachsendem Unbehagen darauf aufmerksam gemacht hatte, dass einige der Teenager mit Autos direkt von den Wohnheimen abgeholt worden waren, sah man Anfang 1998 auch im Polizeihauptquartier von Sussex endlich Handlungsbedarf.

Sklavenhandel mit Mitteln der Moderne

Zwei Jahre lang gingen Chefdetektiv David Gaylor und sein Team den Fällen der verschwundenen Migrantinnen nach. Seither weiß Chitty mit Gewissheit, was sie längst ahnte: Perfekt vernetzte Menschenhändlerringe fingen die jungen Frauen ab. Nach kurzem Transitaufenthalt in gesichtslosen Wohnblocks im Londoner Südosten wurden sie per Fähre oder Eurostar aufs europäische Festland verfrachtet. Dort verlor sich ihre Spur.

Sämtliche von Gaylors Team geschalteten Vermisstenanzeigen blieben unbeantwortet. »Wir kannten ja nicht einmal die wahren Namen der Opfer und hatten nichts als ein paar von den Einreisebehörden aufgenommene Schwarz-Weiß-Fotos, um nach ihnen zu suchen«, sagt der 45-jährige Polizeibeamte. Die Mädchen waren mit gefälschten Papieren eingereist. Viele besaßen, obwohl Nigerianerinnen, in den Bürgerkriegsländern Sierra Leone oder Liberia ausgestellte Pässe, die in Lagos oder Abidjan für 4000 US-Dollar erworben worden waren. Manche hatten ihre Ausweise noch im Flugzeug zerrissen und die Toilette hinuntergespült. Sie hatten ihre Bording-Pässe vernichtet und auch kein Gepäck eingecheckt, sodass die Untersuchungsbeamten nicht einmal den Abflugort mit Sicherheit ermitteln konnten.

Erst der Hinweis eines Lastwagenfahrers brachte sie auf eine heiße Spur. Dem Trucker war die Vielzahl junger schwarzer Mädchen an italienischen Fernfahrerraststätten aufgefallen. Das Bild, das die Nachforschungen der folgenden Monate ergaben, übertraf selbst Chittys schlimmste Befürchtungen. Und zu ihrem Entsetzen musste sie zudem erfahren, dass mit herkömmlichen Polizeimethoden und Gesetzen aus dem letzten Jahrtausend den Sklavenhändlern der Moderne nicht beizukommen war.

Diese erwiesen sich als findiger, besser informiert und zeitgemäßer ausgerüstet als so mancher Lokalpolizist. Nicht auf offenen Sklavenmärkten wie einst boten sie die Mädchen feil, sondern wie Waren an der Rohstoffbörse, per Fax, E-Mail und Mobiltelefon. Grenzen wurden im Morgengrauen oder nachts passiert, wenn die seit In-Kraft-Treten des Schengener Abkommens ohnehin nur noch punktuell besetzten innereuropäischen Kontrollpunkte kaum bemannt waren. Einmal beim Abnehmer angelangt, nahm dieser den Opfern sämtliche Papiere ab. Die Angst vor Polizei und Deportation hinderte die illegalen Migrantinnen fortan ebenso wirkungsvoll an der Flucht wie Fußfesseln einst ihre verschleppten Vorfahren.

Die meisten der Chitty abhanden gekommenen Mädchen waren, so ergaben die Untersuchungen Gaylors und seines Teams, nach Zwischenstopps in London und Belgien an Landsmänninnen in Italien ausgeliefert worden. Dort hatten sie die illegale Einschleusung in das Land ihrer Träume mit Leib und Seele, manchmal gar mit dem Leben zu bezahlen.

An die 60 000 Euro hätte Joy, die junge Nigerianerin, die, ohne die Ergebnisse ihrer Abschlussprüfung abzuwarten, aus Elend und Aussichtslosigkeit geflohen war, an ihre »Madam« genannte Zuhälterin zurückerstatten müssen. Bei den für Afrikanerinnen auf dem italienischen Straßenstrich üblichen Preisen von 15 bis 25 Euro pro Geschlechtsakt hätte sie bis zu 4000 Kunden abfertigen müssen. Erst dann wäre sie wieder ein freier Mensch gewesen.

Ausverkauf der Illusionen

Joy war unter falschem Namen mit einem sierraleonischen Pass, auf dem ihr Alter mit 16 angegeben war, über Gatwick in Großbritannien eingereist. Kurze Zeit später wurde sie bei einem Spaziergang am Kieselstrand von Worthing von zwei Männern aufgegrif-

Marktverkauf statt Schulbesuch: Wie Joy werden viele afrikanische Mädchen schon früh als Arbeitskräfte auf Märkten oder in Haushalten eingesetzt – auf Kosten ihrer Ausbildung. Foto: Veit Mette

fen, die sie über Belgien nach Italien schmuggelten. Sie stammte aus dem Südwesten Nigerias, aus Benin-City, und war nicht das erste Mädchen, das der lärmenden, staubigen Verwaltungshauptstadt von Edo-State den Rücken kehrte, weil es sein Glück in der Ferne wähnte. Auf den Straßen von Turin, wo sie schließlich ihre Illusionen begrub, traf Joy zahlreiche Frauen aus ihrer Heimat. Fast alle stammten auch sie aus Benin-City.

Politische Unruhen, korrupte Militärs und schwankende Ölpreise hatten das rohstoffreiche Nigeria Mitte der 1980er-Jahre in eine Wirtschaftskrise geführt, von der es sich bis heute nicht erholt hat. Wie die Kinder von Hameln dem Rattenfänger waren Tausende junger Frauen und Mädchen jenen »Sponsoren« oder »trolleys« genannten Unbekannten gefolgt, die sie mit der Aussicht auf gut bezahlte Anstellungen als Friseurinnen oder Kindermädchen, in Boutiquen oder Restaurants ins Ausland lockten.

Benin-City ist eine christliche Stadt. Kaum eine Straßenecke, an der nicht eine Bibelschule oder eine Missionsstation auf sich aufmerksam macht. Darum redet auch niemand offen darüber, was mit jenen geschah, die »auf Reisen« gingen. Ganze Viertel leben von den Überweisungen abwesender Frauen. Man erkennt sie an den bunten Fernsehbildern, die nachts in den Fenstern aufflackern, an den neuen Minibussen, die vor frisch verputzten Anbauten parken, und an den Satellitenschüsseln, die wie Trophäen auf den Dächern prangen.

Joy war dieser wunderbare Wandel nicht entgangen. Rückkehrerinnen waren mächtig und einflußreich »wie Königinnen«, sagt sie. Das beflügelte ihre Fantasie.

Alle kassierten sie ab: die Eltern, die Brüder, die sich nicht selten selbst als Mädchenhändler betätigten, die Taxifahrer. Selbst die Zweigstelle der auf den schnellen weltweiten Transfer von Devisen spezialisierten Western Union Bank profitierte von der Dividende aus der Zwangsprostitution: Sie mietete ein größeres Gebäude an, um das wachsende Geschäft besser abwickeln zu können.

Heute ist der Handel mit den eigenen Töchtern derart weit verbreitet in Benin, dass die Frau des Gouverneurs ein Rehabilitations- und Ausbildungszentrum aufbaute, um den von Anwerbern verführten und den eigenen Eltern zum Kofferpacken genötigten Teenagern alternative Einkommensquellen zu erschließen. Ihrer Initiative ist auch zu verdanken, dass Edo-State eine Gesetzgebung hat, die den Menschenhandel ausdrücklich unter Strafe stellt. Doch weil die Opfer, so sie denn zurückkehren, über die Quelle ihres Wohlstands ebenso schweigen wie die Profiteure, ist es noch zu keiner Verurteilung gekommen. Und so konnte Joy sich einreden, dass das Geld in Europa auf der Straße liegt. Dass sie es dort selbst würde verdienen müssen und dabei weniger Freiheiten haben würde als Haremsdamen zur Zeit der Kalifen, darauf war sie nicht gefasst.

Joy war kaum in Turin angekommen, da musste sie sich in einen Minirock zwingen, Augenlider und Lippen schminken, dann wurde sie unter Androhung von Schlägen auf die Straße gejagt. Ein paar italienische Vokabeln wie »andiamo« hatte ihr ihre Madam noch mit auf den Weg gegeben und ein Täschchen voller Kondome. So begann ihre Karriere als Prostituierte wider Willen. Wenn das Geschäft gut lief, konnte Joy bis zum Morgengrauen zehn Kunden abgefertigt haben. Dennoch schienen ihre Schulden nicht weniger zu werden. Denn neben dem Kaufpreis wurde ihr auch noch Geld für Miete, Strom und Wasser, Kleidung und Essen sowie eine Schutzgebühr für ihren Standort auf der Straße berechnet.

Auf der Sklavenroute ins Verderben

Wie Joy werden Hunderte schwarzer Sexsklavinnen jedes Jahr allein über Großbritannien in die übrigen europäischen Länder geschmuggelt. Andere kommen auf dem Landweg. Sie folgen den alten Sklavenrouten über Agadez in Niger und Timbuktu in Mali nach Marokko, von wo sie mit kaum seetüchtigen, überfüllten Kähnen nach Spanien übersetzen. Oder sie landen in Sizilien an und schmuggeln sich in Bari oder Brindisi ans europäische Festland.

60 Prozent aller Dirnen in Italien stammen aus Westafrika. Junge Nigerianerinnen säumen die Straßen Neapels, Roms und Turins. Doch auch in den Rotlichtbezirken Brüssels und Amsterdams, in Schweizer Grenzdörfern und französischen Klubs werden sie zum Anschaffen gezwungen, bis sie ihren Kaufpreis abgearbeitet haben. Die jüngsten unter ihnen bekommen nur Eingeweihte je zu Gesicht; sie werden hinter Schloss und Riegel gefangen gehalten. Die Kranken und Abgenutzten werden mittellos ausgesetzt oder umgebracht.

Großbritannien gilt als relativ tolerant im Umgang mit Asylbewerbern. Auch werden illegale Immigranten, die sich als minderjährig ausgeben, nicht abgeschoben oder in Schutzhaft genommen, sondern der Obhut der Sozialdienste überstellt. Sie leben in Wohnheimen und können sich frei bewegen. Das erleichtert den Schleppern den Zugriff. Deshalb und weil die Angst der Kunden vor Aids zunimmt, steigt die Zahl der Minderjährigen unter den Opfern der Schlepperbanden stetig an. Und deshalb wurden die beiden verschlafenen Küstenstädtchen Hove und Worthing zu Brückenköpfen des internationalen Kinderhandels.

72 Schutzbefohlene hat Chitty innerhalb der letzten sechs Jahre »verloren«, wie sie sagt – trotz verbesserter Erfassungsmethoden. Einige von ihnen waren binnen 24 Stunden nach Ankunft verschwunden, die meisten innerhalb von ein oder zwei Wochen. 46 waren weiblichen Geschlechts und kamen aus Westafrika.

Allein auf dem Höhepunkt der »Operation Newbridge«, so der Code für die Sonderermittlungen der Polizei von Sussex, schlüpften 25 junge Schwarze durch die Hintertüren der Wohnheime in die Arme ihrer Ausbeuter. Nur eine einzige von ihnen, die 14-jährige Nigerianerin Taye, konnte noch rechtzeitig am Verlassen der Insel gehindert werden. Sie hatte selbst in der Idylle von Worthing die Angst vor mörderischen Sekten und rachsüchtigen Göttern nicht abschütteln können.

Hätte Taye bei ihrer Rückkehr nicht so verstört wie ein waidwundes Tier gewirkt, Chitty hätte kein Wort ihrer Geschichte geglaubt. Das Mädchen erzählte von blutigen Ritualen, Männern in fließenden roten Roben und auf Speeren aufgespießten Menschenköpfen. Chitty war überzeugt, dass es sich dabei nur um Wachsmodelle gehandelt haben konnte und dass Tays Geschichten der überschäumenden Fantasie einer pubertierenden und zudem traumatisierten Halbwüchsigen entsprungen sein mussten. Deshalb lud sie das Mädchen ein, das Gruselkabinett von Madame Tussaud zu besuchen. Inzwischen aber hat sie im Internet gesurft und die nigerianische Presse gesichtet. Seither weiß sie, dass Leichen ohne Köpfe auf den Straßen von Lagos keine Seltenheit sind.

Angst macht gefügig

Taye ist ein auffallend hübsches, aber naives Mädchen – das ideale Opfer für moderne Sklavenhändler. In einem Alter, da europäische Kinder noch in die Vorschule gehen, musste sie sich ihren Lebensunterhalt bereits selbst verdienen. Die Eltern waren früh gestorben. Eine Händlerin erbot sich, für ihre Erziehung zu sorgen. Doch statt in die Schule schickte sie sie zum Verkaufen auf den Markt. Und so kann Taye bis heute weder lesen noch schreiben.

Die Begegnung mit der menschenmordenden Sekte, der die Freundin sie unter dem Vorwand, einen Klub besuchen zu wollen, zugeführt hatte, hätte sie fast um den Verstand gebracht. Nacht für Nacht träumte sie davon, geköpft zu werden. Als sich die Chance bot zu fliehen, ergriff sie sie, ohne selbst ihrem geliebten Bruder eine Erklärung zu hinterlassen. Zuvor aber musste sie in einem Voodooschrein einen Vertrag mit Blut besiegeln, der sie zur Rückzahlung der Reisekosten verpflichtete.

An die fünfzigmal setzte der Priester das Messer an und mit jedem Einschnitt musste sie schwören, niemandem je irgendetwas über die Hintergründe ihrer Reise zu erzählen. Andernfalls werde ihr Körper aufschwemmen wie der einer Wasserleiche und sie wäre todgeweiht. Derart eingeschüchtert und für den Rest ihres Lebens gezeichnet, verließ Taye ihr Land; ihren Preis kennt sie bis heute nicht. Es war von Lire die Rede gewesen, und davon hatte sie noch nie gehört.

Als Taye Ende 1999 verschwand, waren dem Kriminalbeamten Gaylor und seinem Team bereits etliche der in Sussex operierenden Menschenhändler bekannt. Man hatte die Kennzeichen ihrer Fahrzeuge registriert, die Durchgangsquartiere in London wurden überwacht, die nationale Kripo war informiert und die Zollbehörde alarmiert. Und so gelang es, Taye kurz vor der Überfahrt am Hafen von Dover abzufangen.

Sie war in Begleitung eines Mannes, der schon einmal beim Versuch, Migrantinnen auszuschleusen, aufgefallen war. Selbst den Pass, den sie bei sich trug und der sie als 28-jährige Britin auswies, hatten schon andere benutzt. Doch der Schleuser gab vor, Taye nicht zu kennen; sie sei eine Anhalterin, die er auf der Fahrt aufgelesen habe. Und weil das Mädchen aus Angst vor ihm und der Macht des Voodoo seine Aussagen bestätigte, ließen die Hafenbehörden ihn laufen. Sie aber wurde festgenommen und wie eine Kriminelle behandelt.

Schuhe und Gürtel habe sie ausziehen müssen, erzählt sie, bevor man sie in eine Zelle steckte. Erst 6 Tage nach ihrer Verhaftung erfuhr Chitty von diesem Fahndungsdesaster. Da saß Taye bereits in Gatwick in Abschiebehaft.

Fünf Monate brauchte Chitty, um sie auszulösen. Der Auftritt eines dubiosen Anwalts, der vorgab, im Auftrag von Tayes verstorbenem Vater zu handeln, und ihr Alter mit 20 angab, erschwerte ihre Bemühungen. Und weil Tayes von den nigerianischen Behörden verständigter Bruder aus Angst vor den Geldforderungen korrupter Staatsbeamter einer Vorladung bei der Polizei in Lagos nie nachkam, konnten die Behauptungen des Juristen nicht eindeutig entkräftet werden. So konnte die Sozialarbeiterin nur ihrem Instinkt vertrauen und den Beteuerungen eines illegal eingereisten

Flucht aus dem Elend: Krieg und Wirtschaftskrisen katapultieren Menschen in die Armut. Dagegen erscheint ein Jobangebot in Europa wie ein Ticket ins Paradies. Foto: Leon Maresch

Mädchens, das sich in Widersprüche verstrickte und kurz vor dem Nervenzusammenbruch stand.

Als es endlich zum Verfahren gegen die Drahtzieher ihrer Verschleppung kam, wollte Taye nicht mehr aussagen. Der Richter ließ das Verfahren niederschlagen – obwohl in der Wohnung des Menschenhändlers ganze Kataloge mit nummerierten Mädchenfotos gefunden wurden, nebst für Voodoorituale benutzten Fingernägeln und Schamhaaren.

Geschäfte mit geringem Risiko

Veraltete Gesetze und die Kriminalisierung der Opfer, wissen Chitty und Gaylor seither, machen den Handel mit Menschen zum Geschäft ohne Risiko. Die Schmuggelware ist keine Droge oder Waffe, sie ist eine rechtlose Person, die sich selbst strafbar gemacht hat und aus Angst die Aussagen ihrer Peiniger bekräftigt. Die Schleuser wechseln ständig und bleiben anonym. Geldtransaktionen hinterlassen keine Spuren, weil bar gezahlt wird. Die Einwanderungsbehörden konzentrieren sich auf die Eindämmung illegaler Migration; und auch die Rechtsprechung ist auf das Phänomen nicht eingestellt.

»Frustriert und kastriert« fühle er sich seit seinen gescheiterten Bemühungen, die Schlepper hinter Gitter zu bringen, sagt Gaylor. »Wir brauchen moderne Antworten auf den modernen Sklavenhandel und neue Gesetze. Zum Beispiel sollten wir den Transport von Asylbewerbern unter Strafe stellen.« Doch weil die Rettung illegaler Migrantinnen nicht zu den Prioritäten der britischen Regierung zählt, wurde die Operation Newbridge wieder abgebrochen.

Wie Aasgeier umkreisten die Anwerber seither erneut die Wohnheime von Hove und Worthing, sagt Chitty. Allein im vergangenen Jahr sind ihr drei Mädchen abhanden gekommen. Zurück blieben nichts als Fingerabdrücke und die Videointerviews, die sie seit Beginn der Sonderermittlungen gemeinsam mit Vertretern der Polizei durchführen lässt. Und der Brief einer 14-Jährigen: »Ich will nicht gehen, aber ich muss. Sollte ich überleben, rufe ich an.« Gehört hat sie auch von diesem Mädchen nichts mehr.

Neue Gesetze schützen Opfer

Nur einer ihrer ehemaligen Schutzbefohlenen gelang es je, nach ihrem Verschwinden Kontakt mit ihr aufzunehmen: Joy aus Benin-City in Nigeria.

Der Anruf kam im vorletzten Sommer: »Ich will nach Hause«, hörte Chitty das Mädchen sagen. »Hol mich hier raus.« Mit zwei Vertretern der Polizei flog sie nach Turin.

Dem Einsatz von Chitty und der Einsicht der italienischen Regierung, dass den Tätern nur beizukommen ist, wenn man ihre Opfer schützt, verdankt Joy ihre Rettung. 1998 hatte sich der italienische Staat angesichts der wachsenden Zahl von in die Prostitution genötigten Ausländerinnen zu einer geradezu revolutionären Änderung der Einwanderungsgesetze durchgerungen. Seither werden aufgegriffene Opfer des Menschenhandels nicht mehr massenhaft in ihre Heimat deportiert, sondern in sicheren Wohnungen untergebracht und behutsam befragt.

Zwangsprostituierte, die bereit sind, gegen die Täter auszusagen, können ihren Aufenthalt in Italien legalisieren. Sie haben Anspruch auf Sozialhilfe und die Teilnahme an berufsbildenden Integrationsprogrammen. Seit In-Kraft-Treten dieses Gesetzes hat die Anzahl der Strafverfahren wegen Menschenhandels erheblich zugenommen. Und etliche Täter sitzen bereits lange Haftstrafen ab.

Zahlreiche zur Prostitution gezwungene illegale Ausländerinnen haben bisher von dem neuen Gesetz Gebrauch gemacht. Die weitaus meisten von ihnen kamen aus Nigeria. Opfer, die sich sicher fühlten vor dem Zugriff der Täter und vor der Abschiebung, könnten »bemerkenswertes Zeugnis gegen Menschenhandelssyndikate« ablegen, sagt Chitty. Doch ist Soforthilfe nötig, um Leben zu retten.

Die Schlepper zögern nicht, Aussteigewillige aus dem Weg zu räumen, bevor diese ihr Wissen preisgeben können. Fast jeden Monat wird irgendwo in Italien eine unbekannte Frauenleiche geborgen. Und weil sich selten jemand findet, der sie identifizieren könnte, ist die Sittenpolizei von Turin inzwischen dabei, eine »Datenbank der Geister« zu erstellen.

Die gerettete Joy hat großes Glück gehabt, dass sie heute nicht unter fiktivem Namen als Karteileiche geführt wird. Wie »Tina«, die unbekannte Tote, die wochenlang im Leichenschauhaus der Turiner Polizei lagerte. Derzeit nimmt Joy an einem nur Chitty und wenigen anderen Eingeweihten bekannten Ort an einer Managementschulung teil. Doch ihr Asylantrag in Großbritannien ist bisher nicht bewilligt. Nach Nigeria aber will sie auf keinen Fall zurück: Das Syndikat, das sie außer Landes schleppte, hat bereits ihre Schwester krankenhausreif schlagen lassen.

Taye lernt inzwischen Lesen und Schreiben. Doch dass sie eine Zukunft hat, glaubt sie immer noch nicht. Täglich rechnet sie damit, dass der Voodoozauber seine Wirkung zeigt. Und auch Chittys unermüdliche Versuche, ihren irrationalen Ängsten mit rationalen Argumenten zu begegnen, haben sie nicht von der Überzeugung abbringen können, dass sie ihr Leben verwirkt hat, weil sie das Schweigegelöbnis brach.

Chitty selbst ist, seit ein anonymer Anrufer drohte, ihr die Kehle durchzuschneiden, mit einem »panic button« ausgerüstet, einem kleinen, batteriebetriebenen Schalter, der, wenn er betätigt wird, ein Notsignal an die Zentrale der Polizei von West Sussex sendet. Sie wirft vielleicht ein wenig häufiger als früher einen Blick in den Rückspiegel, um sicherzustellen, dass sie nicht verfolgt wird. Doch denkt sie nicht daran aufzugeben. »Diese Mädchen sind viel mutiger als ich«, sagt sie. »Sie verdienen es, gerettet zu werden.«

UNSICHTBARE SKLAVINNEN
Geschäfte mit Hausangestellten in Südafrika

VON SONJA MATHESON

Die Ausbeutung von minderjährigen Hausangestellten in Südafrika ist eng mit Strukturen von bandenmäßigem Kinderhandel verknüpft. Gespräche mit Opfern, Polizisten und Behördenvertretern zeichnen das Bild einer komplexen Realität. Die Situation der südafrikanischen Hausmädchen zeigt exemplarisch, dass letztlich die Anstrengungen gegen Kinderhandel und Kinderarbeit nur dann langfristig wirksam sein können, wenn es eine globale Strategie zur Armutsbekämpfung gibt.

Es ist ein weltweit funktionierender Mechanismus, der Mädchen zum Verhängnis wird: Hausarbeit wird nicht als Arbeit gewertet, sichert aber im Wesentlichen das Funktionieren der Gesellschaft. In der geschlechtergetrennten Gesellschaft ist diese unbezahlte Arbeit Frauensache.

Welthandelspolitik, HIV/Aids und die Verarmung ganzer Regionen verändern die sozialen Strukturen wesentlich – und schaffen eine Lücke im Haushalt und in der Kinderbetreuung. Das öffnet den Markt für minderjährige Hausangestellte. Doch die Hintergründe sind kaum bekannt.

Die Armutsfalle

Arbeitende Kinder sind eine Realität in den wirtschaftlich schwachen Ländern des Südens. Ein Verbot von Kinderarbeit hilft daher wenig, solange es nicht eine wirksame Armutsbekämpfung gibt.

Der Welthandel stützt sich im Zuge der Globalisierung auf die Billiglohnarbeit in den Entwicklungsländern. Das ist es, was die von Krisen geschüttelten Länder Afrikas, Asiens und Lateinamerikas nebst Rohstoffen noch zu bieten haben.

Kinder werden schonungslos in diese Dynamik einbezogen. Vielerorts sind die Eltern arbeitslos, weil Kinder die billigeren Arbeitskräfte sind. Andere Eltern geben ihre Kinder gegen einen dringend benötigten Kredit weg, den diese in Schuldknechtschaft abarbeiten müssen. Auch der Kinderhandel zum Zweck von billiger Kinderarbeit nimmt weltweit zu.

Mädchen erleiden bei dieser Entwicklung ein besonders schweres Schicksal. Sie werden zur Prostitution gezwungen, haben einen erschwerten Zugang zur Bildung und müssen die Schattenarbeit für die Gesellschaft leisten: Dass Mädchen im Haushalt arbeiten, gilt als selbstverständlich.

Ihre Arbeitgeber leben in der Stadt und gehören der Unter- oder Mittelschicht an. Die Frauen, vielfach allein erziehende Mütter, müssen eine Stelle annehmen, um das Überleben der Familie zu sichern. Andere Familien versuchen, mit einem zusätzlichen Einkommen der Armut zu entkommen. Die Arbeitstage und der Arbeitsweg sind oft lang. Auf Nachfrage ausgerichtete sowie saisonbedingte Produktionsrhythmen verlangen Flexibilität. In der Folge werden die Hausarbeit und Kinderbetreuung einem Kind übertragen. Für eine erwachsene Arbeitskraft reicht das Budget nicht.

Diese Mädchen kommen aus extremer Armut und nehmen auch Kost und Logis als Bezahlung in Kauf, um ihrem Elend zu entkommen. Ihre Eltern sind selbst arbeitslos, krank oder verstorben. Über Verwandte, Händler und manchmal auch auf eigene Faust kommen die Mädchen in die Stadt. Für sie gibt es keine Arbeitsrichtlinien und keinen Vertrag. Sie haben keine Lobby und wissen oftmals nicht um ihre Rechte. Eine schlechte Arbeit zu haben, ist für sie immer noch besser als gar keine Arbeit. Ausgebeutet, ohne Bildung und Kapital stecken sie in der Armutsfalle fest.

Dar es Salaam, Tansania: Mädchen im Haus ihres Bruders.

Foto: Rui Assu Buji

Hausmädchen solange der Vorrat reicht

Auch in Südafrika dreht sich die Spirale der Armut. »Hausmädchen?« Captain Japhta auf der Polizeistation von Claremont, einem Vorort von Kapstadt, gibt ausführlich Auskunft. Er kennt die Agenturen in seinem Bezirk, die Hausmädchen vermitteln. »Das ist nicht schwierig«, meint er. »Es sind registrierte Firmen mit Namen wie ›Superior Domestic‹ oder ›Domestic Unlimited‹, die angeben, erwachsene Hausangestellte zu vermitteln. Daran ist nichts illegal.«

Ausbeutung und den Handel mit Kindern nachzuweisen, ist nicht einfach. Die Agenten operieren in Banden. Die Mädchen, die bei der Polizeistation auftauchen, sind vor ihrem Arbeitgeber oder Zuhälter geflohen. Die Geschichten, die sie dort zu Protokoll geben, sind immer ähnlich: Provinzstädte und Dörfer sind die bevorzugten Quellen der Händler. Dort suchen sie nach schwarzen Mädchen. Eine Frau gibt sich vertrauenswürdig und präsentiert sich als Vertreterin eines Arbeitsvermittlungsbüros. Sie stellt einen Job in Aussicht und bietet die Fahrt im Kleinbus nach Kapstadt an. Auch eine Unterkunft werde zur Verfügung gestellt. Hausarbeit, das kann jedes Mädchen. Der Lohn von etwa 80 Euro pro Monat wischt die letzten Zweifel weg. Das ist viel für ein Mädchen, das um sein Überleben kämpft. Das ist ein verlockendes Angebot für die ganze Familie.

Die Armut vor allem unter den schwarzen Südafrikanern und Südafrikanerinnen ist groß. Zwar ist die Apartheid vorbei, der ANC die Mehrheitspartei. Doch wer wirklich regiert, ist die freie Marktwirtschaft. Südafrika unter der Führung von Thabo Mbeki möchte beweisen, dass auch ein afrikanisches Land erfolgreich sein kann – ohne fremde Hilfe. Das heißt: Finanz- und Wirtschaftspolitik nach den Regeln von Weltbank und Internationalem Währungsfonds. Resultat ist ein Heer von Arbeitslosen, tief verwurzeltes Misstrauen, ein Klima der Gewalt, zerstörte soziale Strukturen. Gerade diesen Missständen ist mit ausländischen Investitionen und ausgeglichenen Zahlungsbilanzen nicht beizukommen. Viele Menschen sind verzweifelt oder apathisch. In den Städten dominiert die Gewalt. Auf dem Land fehlt die Perspektive.

Da lässt man sich keine Gelegenheit entgehen. Die Mädchen sagen zu. Ist der Kleinbus voll, fährt er los. Die meisten sehen Kapstadt zum ersten Mal. Sie werden zur Agentur gefahren. Und hier bleiben sie, bis sich ein Arbeitgeber für sie findet.

Captain Japhta kennt diese Unterkünfte. Oft schlafen die Mädchen auf nacktem Boden, bis zu 20 in einem kleinen Raum. Rudimentäre Sanitäreinrichtungen, kein Strom, kaum Tageslicht, schlechtes Essen …

Die Mädchen erfahren, dass sie in der Schuld des Agenten stehen. Wenn sie wegwollen, müssen sie die Kosten für die Busfahrt bezahlen, 150 Rand (ca. 16 Euro), eine Unsumme. Die Mädchen besitzen keinen Cent. Wo sollten sie hin in der fremden Stadt? Es bleibt das ungewisse Warten. Tage. Wochen. Was kommt auf sie zu?

Ein Anruf genügt und nach Vereinbarung darf man sich die Mädchen in diesen Verschlägen selbst ansehen. Für eine Vermittlung verlangt der Agent 250 Rand (ca. 27 Euro). Diese Gebühr wird den Mädchen vom ersten Gehalt abgezogen. Eine Alterskontrolle gibt es nicht. Eine Registrierung oder einen Vertrag ebenso wenig. Sind die Mädchen verkauft, verschwinden sie und sind irgendwo der Willkür der Arbeitgeber ausgeliefert. Ist der nicht zufrieden mit den Leistungen oder dem Verhalten des Mädchens, wird es auf die Straße gesetzt oder an einen anderen Haushalt vermittelt.

Unkontrollierte Ausbeutung

Die Trennung zwischen den ethnischen und religiösen Gruppen ist nach wie vor stark in Südafrika. Die Mädchen sind von schwarzer oder gemischter Hautfarbe. Über die Agenturen suchen vor allem indische und muslimische Familien eine billige Arbeitskraft. Weiße Arbeitgeber ziehen nach Angaben von Gewerkschaften erwachsene Hausangestellte vor, die qualifizierter und teurer sind. Sie können sich das in der Regel leisten.

Die afrikanischen Mädchen sind bei ihren Arbeitgebern von ihrer Familie abgeschnitten und somit auch außerhalb der sozialen Kontrolle. Das begünstigt die Ausbeutung. Die Lebens- und Arbeitsbedingungen der Mädchen verstoßen systematisch gegen die südafrikanische Verfassung und gegen internationale Konventionen. Die Mädchen berichten von bis zu 14-stündigen Arbeitstagen, ausbleibender Lohnzahlung, Isolation im Haus der Arbeitgeber, physischer und sexueller Gewalt; oft werden ihnen keine freien Tage oder Ferien zugestanden. Die Mädchen gehen nicht zur Schule und haben keinen Kontakt zu ihrer Familie.

Ein noch weit gehend unerforschtes Gebiet ist die Situation der afrikanischen Mädchen, die für ihre eigene Familie oder ferne Verwandte arbeiten müssen. Dort kommt der Begriff Hausmädchen gar nicht vor, und bereits die Nachfrage wird als Einmischung empfunden. Sozialarbeiterinnen berichten jedoch von Ausbeutung in einem ähnlichen Ausmaß innerhalb der schwarzen Bevölkerung.

Die rechtliche Lage ist eindeutig. Ein Hausmädchen zu beschäftigen, das die obligatorische Schulpflicht von 9 Jahren nicht absolviert und das gesetzliche Mindestalter für Arbeit von 15 Jahren noch nicht erreicht hat, ist gemäß der südafrikanischen Verfassung eine kriminelle Handlung. Wie viele minderjährige Mädchen trotzdem als Hausmädchen arbeiten, weiß man nicht. Recherchen von terre des hommes Schweiz im Raum Kapstadt sowie eine landesweite Untersuchung der Internationalen Arbeitsorganisation (ILO) deuten darauf hin, dass die Zahl hoch ist.* Die dokumentierten Fälle erzählen von Mädchen im Alter von 12 bis 17 Jahren.

* Karin Koen/Bernadette Van Vuuren, *Children in Domestic Service. The Case of the Western Cape, South Africa.* terre des hommes Schweiz, Basel 2002.
Debbie Budlender/Dawie Bosch, »South Africa – Child Domestic Workers: A national Report«. ILO, Genf 2002.

Diese Tatbestände alleine sind Grund genug, zu intervenieren und der Problematik entgegenzuwirken. Der Aspekt des Kinderhandels ist ein zusätzlicher krimineller Faktor. Nicht alle Mädchen werden gehandelt oder ausgebeutet. Die dokumentierten Fälle zeigen jedoch auf, in welchem Umfeld Kinderhandel in Südafrika möglich wird. Und wie unscharf die Grenzen zwischen den verschiedenen Formen der Ausbeutung sind.

Eine Sklavin namens Ayanda

Bei Ayanda sind viele Grenzen überschritten. Ein Gespräch mit ihr ist nur heimlich möglich, die Arbeitgeberin erlaubt keine Kontakte außerhalb des Hauses. Ayanda ist 15 Jahre alt und kommt aus Kimberly, die Schule hat sie nach der 6. Klasse verlassen. Sie ist von einer Frau überredet worden, in Kapstadt eine Stelle als Hausmädchen anzunehmen. Der in Aussicht gestellte Lohn von 900 Rand (ca. 100 Euro) wird gleich zu Beginn auf 500 Rand (ca. 55 Euro) pro Monat reduziert, jedoch nie ausbezahlt. Die Arbeitgeberin behauptet, das Geld werde auf ein Bankkonto überwiesen, doch Ayanda erhält keinen Beleg dafür. Ihr Arbeitstag dauert von 7 Uhr morgens bis 7 Uhr abends ohne Pause; einen freien Tag gibt es nicht.

Ayanda lebt bei der Familie. Doch sie werde wie eine Sklavin behandelt, erzählte sie. Sie darf nicht am selben Tisch essen und kriegt nur Kornbrei. An einem Tag in der Woche muss sie zusätzlich für die Mutter des Hausherrn arbeiten. Ihre Familie weiß nicht, unter welchen Bedingungen Ayanda schuften muss. Sie hofft, bald nach Hause zu dürfen. Sonst werde sie davonlaufen.

Im besten Fall landet sie dann bei Captain Japhta auf der Polizeistation. Er wird ihren Fall aufnehmen und zusammen mit der Sozial- und Arbeitsbehörde dafür sorgen, dass sie zurück zu ihrer Familie kann. Spezielle Budgets für solche Fälle gibt es nicht. Doch es sind viele Mädchen, die das Geld für eine Bus- oder Bahnfahrt benötigen. Sie möchten zurück zur Familie, auch wenn die Situation dort noch genauso schwierig ist. Nicht immer ist Hilfe für sie möglich.

Vielleicht hat Ayanda dasselbe Schicksal wie viele andere Mädchen vor sich: Sie steht ohne Geld und Unterkunft auf der Straße. Der Schritt in die Prostitution liegt nahe. Dies ist ein Geschäft, das auch in Kapstadt gut läuft. Die Anonymität der Großstadt, der relativ verbreitete Reichtum sowie der Tourismus begünstigen die kommerzielle sexuelle Ausbeutung von Kindern. Mädchen, die auf eigene Faust versuchen, auf diese Weise Geld zu verdienen, haben allerdings wenig Chancen. Banden und Zuhälter kontrollieren weit gehend das Geschehen und die Einkünfte.

Kinderhandel, Prostitution und Hausarbeit sind im Raum Kapstadt eng miteinander verknüpft. Einige Agenturen sind bekannt dafür, gezielt Mädchen aus den Busladungen auszuwählen und zur Prostitution zu zwingen. »Godfather» nennt sich eine der Schlüsselfiguren. Sie ist der Polizei und sogar im Department of Labour in Pretoria bekannt. In einem Telefongespräch erklärt Julian Jacobs, zuständig für das Problem der Kinderarbeit, man sei sich der Schwierigkeiten bewusst. »Das Problem ist groß. Die sich verbreitende Armut verschärft die Situation. Die Mädchen selbst geben vor, 16 zu sein, weil sie eine Arbeit brauchen. Sie reichen keine Klage ein, weil sie sich vor Konsequenzen fürchten. Weil sie ihre Rechte gar nicht kennen. Die Agenten wissen, wie sie sich unangreifbar machen können. Uns sind die Hände gebunden.«

Tatsächlich ist die südafrikanische Verfassung mit einigen Tücken versehen, die den Kinderschutz schwierig machen. Das Verbot von Kinderarbeit treibt die Mädchen in die Unsichtbarkeit. Andererseits tut sich die Regierung schwer, ausbeuterische Kinderarbeit und Kinderhandel offiziell als Problem anzuerkennen. Arbeit gehöre für Kinder in Afrika zum Alltag. Das sei nicht schlimm, denn man lerne dort für das Leben, ist eine verbreitete Meinung.

Escola de Rua: Zentrum für Straßenmädchen in Maputo, Mozambik.
Foto: Hanspeter Giuliani

Es ist bisher nicht gelungen, die Grenze zwischen dem besonderen kulturellen Verständnis von Kindheit in Südafrika und der gezielten, profitorientierten Ausbeutung von Kindern zu definieren, um konsequente politische wie strafrechtliche Maßnahmen einzuleiten. Die Politik stützt das System des sozialen Aufstiegs auf dem Rücken der Schwächsten. Kinderarbeit steht nicht auf der politischen Agenda. Es sind die Hausmädchen, und mit ihnen viele andere Kinder, deren Würde mit Füßen getreten wird und die um ihre Zukunft betrogen werden. Die Kinderhändler streichen in der Zwischenzeit ihre Gewinne ein.

Captain Japhta muss wieder an die Arbeit. Der Polizist weiß viel, hat aber wenig Möglichkeiten zu handeln. Seine Forderungen kommen ohne Zögern: »Es braucht Nichtregierungsorganisationen, die Druck ausüben, Politikerinnen und Politiker, die sich für die Interessen der Kinder einsetzen. Ohne Gesetzesänderung ist es schwierig, die Täter zu belangen. Die bekannten Agenturen müssen überwacht werden. Ausbeuterische Arbeitgeber müssen rechtlich belangt, dem Kinderhandel muss ein Riegel vorgeschoben werden.«

Die Mädchen wiederum benötigen dringend Arbeitsrichtlinien, Anlaufstellen, Bildungsangebote. Auch ein Verhaltenskodex für Arbeitgeber könnte Wirkung zeigen. Als weitere Bedingung für Veränderungen muss die Gesellschaft über die Missstände informiert werden – nur so entkommen die Mädchen der schutzlosen Anonymität.

KINDERHANDEL IM SÜDLICHEN AFRIKA

Zwecke des Kinderhandels

- Sexuelle Ausbeutung
- Ausbeutung durch Arbeit
- Ausbeutung in illegalen Tätigkeiten
- Heirat

Sexuelle Ausbeutung

- Die kommerzielle sexuelle Ausbeutung von Kindern ist ein Schwerpunkt des Kinderhandels in Südafrika.
- Beispiel Cape Town
  Allein in Cape Town sind nach Angaben der Polizei etwa 25 Prozent der Prostituierten Kinder (offizielle Statistiken gibt es allerdings nicht). In Cape Town wird der Handel mit Kindern und jungen Frauen sowie deren sexuelle Ausbeutung überwiegend von kriminellen Organisationen kontrolliert. In Cape Town existieren neben den männlich dominierten Gangs auch reine Frauen- oder Mädchengangs.
  Die Mädchen und jungen Frauen kommen überwiegend durch Entführung oder durch eine Zusammenarbeit zwischen den Eltern und den Gangs in die Abhängigkeit oder in die Gewalt der Organisationen. Zusammenarbeit bedeutet: direkter Verkauf der Mädchen an die Gang oder aber diese müssen durch Prostitution Schulden ihrer Eltern abarbeiten.
  Kontakte entstehen auch über männliche und weibliche Mitglieder der Banden, die gezielt Frauen und Mädchen ansprechen, sie in das Umfeld der Banden bringen, zur Prostitution in Bordells oder auf der Straße zwingen und mit Gewalt (Schläge, Vergewaltigungen, Einsperren) an einer Flucht hindern. Betroffen sind in der Regel Mädchen aus sozial unterprivilegierten Schichten, Obdachlose; Mädchen mit älteren Geschwistern in den Banden; Mädchen, die alleine vom Land in die Großstädte kommen.

Ausbeutung in illegalen Tätigkeiten

- Etwa 400 000 Kinder und Jugendliche zwischen 10 und 18 Jahren gehen in Südafrika einer legalen oder einer illegalen Arbeit nach. Darunter sind auch Opfer von Kinderhandel, die unter anderem in Haushalten oder im Kleingewerbe ausgebeutet werden.
- Von Banden rekrutierte Kinder und Jugendliche (siehe oben, »Beispiel Cape Town«) werden auch zu Diebstahl, Raub, Drogenhandel oder zur Arbeit in illegalen Bars (shebeens) gezwungen oder müssen andere Mädchen »anwerben«, kontrollieren und bewachen. Sie werden ebenfalls an Konflikten innerhalb der Banden beteiligt oder werden zu Zeuginnen oder Beteiligten an der Ermordung von Mitgliedern der Banden.

Heirat

- Mädchen werden unter anderem von Familie zu Familie verkauft. Oft ist die Heirat nur ein Vorwand für die damit »legitimierte« sexuelle Ausbeutung.

Herkunft und Routen

Innerhalb Südafrikas

- Kinderhandel innerhalb Südafrikas findet sowohl zwischen einzelnen Großstädten als auch zwischen den ländlichen Gebieten und den Großstädten statt. Dabei werden die Kinder und Jugendlichen in der Regel zu den nächstmöglichen Zielen gebracht und dort festgehalten. Die Wege führen aus den Provinzen KwaZulu Natal (Durban, Pietermaritzburg) und Eastern Cape (East London, Port Elizabeth) in die Provinzen Gauteng (Johannesburg, Pretoria) und Western Cape (Cape Town)
- Innerhalb der Provinz Gauteng mit dem Großraum Johannesburg/Gauteng führen die Wege aus Diepsloot, Alexandria und Soweto nach Johannesburg, aus den ländlichen Gebieten um Pretoria nach Pretoria.

International

- Kinder aus Sambia, Kenia, Senegal, Tansania, Uganda, Angola und Mosambik werden nach Südafrika verkauft oder von dort nach Südostasien weitertransportiert. Südafrika ist aber auch Zielland für Mädchen aus Osteuropa und Südostasien.
- Bei all diesen Opfern handelt es sich größtenteils um Mädchen, die zur Prostitution gezwungen werden. Organisiert wird der Handel zum größten Teil von internationalen Gruppen (Mafia) aus Südostasien und Osteuropa (Russland, Bulgarien). Diese Organisationen sind – so wird angenommen – gleichzeitig auch am Handel mit erwachsenen Frauen sowie Drogen, Zigaretten, Schwarzgeld und CDs beteiligt.

Personen(gruppen), die in Kinderhandel involviert sind

- Eltern
- Verwandte und Geschwister
- Erwachsene Prostituierte
- Lehrer
- Organisierte Gruppen und Banden aus Südafrika und dem Ausland
- Fahrer von Taxen und Minibussen

Faktoren, die die kommerzielle sexuelle Ausbeutung begünstigen

- Armut, verbunden mit hoher Arbeitslosigkeit und einer großen Zahl von vorzeitigen Schulabgängen.
- Mangelhafte oder ineffektive Schutzmechanismen des Staates und der Gesellschaft für Kinder und Jugendliche.
- Sexueller Missbrauch durch Familienmitglieder und andere dem Kind nahe stehende Personen.
- Weit verbreitete familiäre und häusliche Gewalt; oftmals in Verbindung mit Armut, Drogen oder Alkohol.
- Wachsende Verstädterung.
- Wachsende Nachfrage nach Sex mit Kindern und Jugendlichen.

Quellen: Molo Songololo, »The trafficking of children for the purpose of sexual exploitation«, Cape Town 2000/terre des hommes.

»ICH WOLLTE, MEINE GESCHICHTE WÄRE BLOSS ERFUNDEN«

Als Ehefrau in die Schweiz verkauft

VON HEINRICH GASSER

Die Geschichte, die Marie-Anne erzählt, ist die Geschichte eines 14-jährigen Mädchens aus Kamerun, das in die Schweiz verkauft worden ist und hier durch die Hölle ging. Wie viel davon ist wahr? »Ich wollte, meine Geschichte wäre bloß erfunden.«

Es ist nicht so, dass Marie-Anne Ongola* in Kamerun ihre frühe Kindheit zwischen Abfallbergen, Gewalt und schmutzigen Hinterhöfen verbracht hätte – im Gegenteil: Zusammen mit ihrer älteren Schwester und dem kleineren Bruder wächst sie im Norden Kameruns auf, in Garoua. Dort besucht sie die französische Schule, ein Privileg, das in Kamerun längst nicht allen Kindern zuteil wird. Sie und ihre Geschwister sind gut behütet, vor allem von ihrem Vater, der Vorsteher der Schule ist, die sie besucht. Er kocht für sie und ihre Geschwister, bringt ihre Kleider in Ordnung, macht mit ihnen Hausaufgaben. Ihre Mutter Yolande kümmert sich wenig um die Kinder. Marie-Anne geht also ganz normal zur Schule, und die ganze Familie fährt jeweils zusammen in die Ferien nach Melen südlich der kamerunischen Hauptstadt Yaunde, zu ihrem Onkel.

Im Alter von 8 Jahren erfährt Marie-Anne, dass ihre Mutter Yolande nicht ihre Mutter ist, sondern ihre Tante. Ihr Vater ist nicht ihr Vater; ihr richtiger Vater ist nämlich der Onkel, zu dem

* Alle Namen geändert.

sie immer in die Ferien gefahren sind. Mit 8 erfährt Marie-Anne, dass ihre wirklichen Eltern sie mit 18 Monaten zu Tante Yolande gebracht haben, die selbst kinderlos ist. Weshalb? Marie-Anne ist sich nicht sicher: »Meine Eltern waren arm, Kleinbauern halt, mit einem kleinen Stück Land.« Bloß materielle Gründe können es aber nicht gewesen sein, denn ihre richtigen Eltern haben später nach Marie-Anne und ihren zwei Geschwistern noch sechs weitere Kinder, die alle zuhause sein dürfen.

Zwischen Eltern und Verwandten

Marie-Anne versteht auch heute, 16 Jahre später, nicht wirklich, wie ihr geschah. Sie sitzt mit leicht hochgezogenen Schultern, etwas scheu, erzählt leise ihre Geschichte und macht manchmal lange Pausen. Was sie schildert, ist erst einmal nichts Besonderes, eine beliebige Geschichte aus einem beliebigen afrikanischen Land. Viele Kinder werden in der großen Verwandtschaft herumgereicht und dort platziert, wo die materiellen Sorgen am kleinsten sind.

Der Mann ihrer Tante Yolande, der Schulvorsteher, gibt seine Stelle auf und zieht zusammen mit seiner Frau und Marie-Annes älterer Schwester nach Frankreich. Marie-Anne und ihr kleiner Bruder leben nun bei den richtigen Eltern. Sie besucht jetzt nicht mehr eine französische Privatschule, sondern die öffentliche. Und hat Mühe, sich zu integrieren, weil sie den örtlichen Dialekt nur schlecht versteht. Dies und dass sie trotzdem die bessere Schülerin ist, nehmen ihr die anderen Kinder übel und grenzen sie aus. Normal eigentlich, ob in Melen/Kamerun oder Effretikon/Schweiz – bloß, dass der Tagesablauf in Melen ganz anders ist: Vor und nach der Schule arbeitet Marie-Anne wie eine Erwachsene auf dem Feld und verkauft Gemüse und Früchte auf dem Markt.

Mit 13 kommen Marie-Anne und ihr jüngerer Bruder nach Mbalmayo zu einem Onkel, dem jüngeren Bruder ihres richtigen Vaters. Weshalb? Marie-Anne weiß es nicht. Das Leben wird noch ein Stück härter, als es ohnehin schon war. Sie geht wieder in eine andere Schule, und von sechs Uhr abends bis manchmal um Mitternacht arbeitet sie auf dem Feld, putzt das Haus ihres Onkels und kocht für den nächsten Tag die Mahlzeiten vor. Nach ein paar Stunden Schlaf steht Marie-Anne wieder auf und macht Hausaufgaben. Wer mitten in der Nacht lernt, braucht Licht, und Licht braucht Strom. Was der Frau des Onkels gar nicht passt, weil Strom Geld kostet und sie die Lernerei für derart überflüssig hält, dass sie Marie-Anne kurzerhand verbietet, Strom zu verbrauchen.

Dass das Essen auf den Tisch kommt, dafür sind abwechselnd ihr jüngerer Bruder und sie verantwortlich: er für Mittwoch, Donnerstag und Freitag, sie für die übrigen Wochentage.

Was Marie-Anne schildert, ist immer noch eine beliebige Geschichte aus einem beliebigen afrikanischen Land. Nichts Besonderes: Viele Kinder helfen mit, den Lebensunterhalt der Familie zu bestreiten, weil die vier Hände der Eltern dazu nicht ausreichen.

Liebesbriefe aus der Schweiz

Marie-Anne ist gut 14, als ihr Onkel eines Tages mit einem ganzen Packen von Fotos auftaucht. Marie-Anne und ihre beiden wenig älteren Cousinen müssen sie sich ansehen. Weshalb, wissen sie nicht: Es sind nichtssagende Aufnahmen von nichtssagenden weißen Männern, mehrere Dutzend. Und der Onkel verpflichtet die Mädchen, auch Fotos von sich machen zu lassen, Porträts, obwohl für solchen Luxus eigentlich das Geld fehlt.

»Maman, so habe ich eine Tante in Europa immer genannt, wolle, so erzählte der Onkel, dass ich sie einmal in der Schweiz besuche. Zwei Monate später kam ihr Telefonanruf. Du wirst bald einen Brief aus der Schweiz erhalten. Den musst du exakt so beantworten, wie ich es dir jetzt sage.«

Marie-Anne wundert sich und weigert sich. Denn der Brief aus der Schweiz kommt wirklich, dann ein zweiter, ein dritter. Unterschrieben sind sie von Manfred Camenzind, einem Schweizer. Camenzind kann nur Deutsch, die Briefe sind von jemandem übersetzt worden. Ihr Onkel drängt sie, die Briefe zu beantworten. Sie muss vorgegebene Texte abschreiben. Je mehr Briefe kommen, desto mehr ist darin die Rede vom Heiraten. Maman, ihre Tante, lockt mit dem »besseren Leben in der Schweiz«, redet von »Ehre für die ganze Familie«.

Marie-Anne ist 14 Jahre alt. Camenzind ist 38, doch das erfährt sie erst später. Und vor allem: Marie-Anne denkt nicht ans Heiraten. Sie merkt sich die Adresse von Camenzind, denn dessen Briefe (oder was daraus gemacht wurde) darf sie nie behalten. Sie schreibt Camenzind auf eigene Faust einen Brief. Darin steht, dass sie nicht heiraten will. Maman ist fuchsteufelswild und beschimpft die 14-Jährige am Telefon, mit ihrem Brief habe sie alles verdorben. Und sie droht damit, die Geldüberweisungen aus der Schweiz einzustellen, mit denen auch Marie-Annes Schulgeld bezahlt wird. Und überhaupt: Sie werde jetzt nach Kamerun kommen und die Sache mit ihr persönlich regeln.

Zwei Monate später steht Maman tatsächlich in der kleinen Wohnung von Marie-Anne, die sie zusammen mit ihrer Cousine und ihrem kleineren Bruder bewohnt. »In zwei Wochen wird Camenzind hier sein, um dich zu heiraten.«

Die 14-Jährige ist verstört, sie weiß nicht, was sie tun soll. Ihr wirklicher Vater und ihre Mutter sind nicht da, ihr Onkel ist selber Akteur in dieser Geschichte. Eine Woche lang gelingt es ihr, der Tante und dem Onkel auszuweichen. Doch eines Abends stehen sie in der Küche, als sie gerade am Kochen ist. Mit Camenzind. »Das ist sie«, stellen sie ihm Marie-Anne vor. Händeschütteln, Abgang von Camenzind, Maman und Onkel. Und zuvor noch: »Wir werden dich morgen Abend von der Schule abholen.«

Dies ist jetzt keine beliebige Geschichte mehr aus einem beliebigen afrikanischen Land. Es ist die Geschichte eines 14-jährigen Mädchens, über dessen Leben andere entscheiden, als gehöre es nicht ihr selbst.

Junge Frau aus Kamerun: verkauft, verheiratet, geschlagen – auch die Schweiz ist im internationalen Kinderhandel kein weißer Fleck auf der Landkarte. Foto: terre des hommes

Hochzeitsnacht mit einem Unbekannten

Am anderen Tag erwarten der Onkel und eine andere Tante Marie-Anne vor der Schule. Sie nehmen sie mit, sie muss sich umziehen und wenig später steht sie zusammen mit Camenzind vor dem Bürgermeister. Zur Trauung. Alle Papiere sind vorbereitet, sie führen ihre Hand, weil sie nicht unterschreiben will. Dann geht die Hochzeitsgesellschaft zum üppigen Essen. »Ich habe mich noch nie in meinem Leben so allein gefühlt. Mein richtiger Vater, der auch an der Hochzeit auftauchte, hat mir nicht in die Augen blicken können und hat sich abgewendet.« Dass die Hochzeitsdokumente nicht von der Mutter unterschrieben sind, wie es das kamerunische Gesetz eigentlich vorschreibt, und dass Marie-Anne noch nicht 18 ist, macht die Heirat zwar illegal. Doch wen kümmerts: Marie-Anne ist mit 14½ Jahren eine verheiratete Frau. Und eine verheiratete Frau muss eine Hochzeitsnacht verbringen. Die Erzählung stockt, Marie-Anne schweigt. »Ich habe gelernt zu verdrängen.«

Zwei Wochen später reist Camenzind ab, als verheirateter Mann, und kehrt zurück in die Schweiz, ins abgeschiedene Luzerner Hinterland, zurück zu seinen Eltern, mit denen der 38-Jährige immer noch zusammenwohnt, zurück zu den zehn Katzen, den Kaninchen, den Schafen.

Von Kamerun ins Luzerner Hinterland

Ein Jahr später kommt Marie-Anne nach; sie ist jetzt 15½ Jahre alt. Sie reist allein, mit einem gültigen Pass und einem gültigen Visum. Wer für sie all die Papiere organisiert hat, weiß sie nicht, vielleicht der Onkel, Maman oder Camenzind. Sie kommt in Zürich an und soll von ihrer Tante abgeholt werden, die versprochen hat, sie bis zur Volljährigkeit bei sich aufzunehmen.

Aber statt der Tante holt sie ihr Ehemann ab. Er fährt mit ihr nach Hause ins Luzerner Hinterland. Die nächsten zweieinhalb Jahre wird sie das Grundstück ihres Ehemannes nie allein verlassen. Sie macht Gartenarbeiten, füttert die Kaninchen und Schafe, hackt

Holz, putzt, wäscht. Kochen gehört nicht zu ihren Aufgaben, da »ihre« neue Familie Angst hat, sie könnte Gift beimischen. Mit jemandem reden ist schwierig: Weder ihr Ehemann noch ihre Schwiegereltern sprechen Französisch, ihr bescheidenes Deutsch, das sie in Kamerun gelernt hat, reicht für eine vernünftige Kommunikation nicht aus.

Und sie kriegt Schläge für alles und nichts. Und sie wird von ihrem Ehemann vergewaltigt. Einmal bekommt sie Besuch von einer Gemeindeangestellten, die leidlich Französisch spricht und ihr vorschlägt, sie solle doch Deutsch lernen. Es setzt Schläge wie noch nie, als sie es wagt, den Vorschlag ihrem Ehemann zu machen. Sie lässt nicht locker, insistiert, bittet. Schließlich willigt Camenzind ein: Zu Fuß darf sie nach K., ein Marsch von einer halben Stunde hin und einer halben Stunde zurück.

Dienstag ist Marie-Annes Lieblingstag. Am Dienstag fahren Camenzinds jeweils zum Einkaufen. Marie-Anne muss wie immer zuhause bleiben – eingeschlossen. Sie klettert aus dem Fenster und beginnt zu laufen. Nicht die Hauptstraße entlang: Als einzige Schwarze fällt sie im Luzerner Hinterland auf. Sie will nicht, dass jemand Camenzinds beim Einkaufen womöglich erzählt, sie hätten sie auf der Straße angetroffen. Sie geht zu Fuß nach L., kauft sich dort vom wenigen Geld, das sie in ihren Kleidern versteckt hat, eine Zugfahrkarte nach D. zu Maman. Marie-Anne kommt ins Spital, ist stark untergewichtig und am Ende ihrer Kräfte. Sie unternimmt alles, um sich von ihrem Ehemann zu trennen.

Nicht bloß verheiratet – verkauft

Und wieder ist Maman fuchsteufelswild: »Entweder du gehst zurück zu Camenzind, oder du lässt dich scheiden, und ich suche für dich einen anderen Mann. Oder du fährst zurück nach Kamerun.« Der Druck ist groß, nicht bloß von Maman, sondern auch von Camenzind, der eines Tages stockbesoffen vor der Tür steht und sie auffordert, zurückzukommen. Er droht, Maman müsse das Geld zurückzahlen, das er ihr gegeben habe. Erstmals wird Marie-Anne bewusst, dass sie nicht nur verheiratet, sondern verkauft worden ist. Für wie viel? »Ich will nicht wissen, wie viel Geld ich wert gewesen bin.«

1998 wird Marie-Anne geschieden. Die Scheidung macht aus dem Opfer die Täterin: Sie hat ihren Mann verlassen. Sie hat sich – so schildert Camenzind dem Richter – prostituiert. Marie-Anne lässt alles über sich ergehen, Hauptsache, sie wird geschieden.

1999 tritt Marie-Anne in die Diplommittelschule in D. ein und schließt sie 2001 ab. 2003 beendet Marie-Anne eine dreijährige Therapie bei einem Psychologen, der ihr hilft zu verarbeiten. 2006 wird Marie-Anne ihre Ausbildung zur Kleinkindererzieherin abschließen.

Was Marie-Anne schildert, ist nicht ein Einzelschicksal. Drei ihrer Cousinen haben ähnliche Geschichten erlebt. Eine davon ist ebenfalls geflüchtet. »Die beiden anderen«, so Marie-Anne, »hatten einfach ein bisschen mehr Glück und sind immer noch verheiratet.«

Mehr Glück oder vielleicht auch nur etwas weniger Unglück …

KINDERHANDEL IN DER SCHWEIZ

Zwecke des Kinderhandels

- Ausbeutung in illegalen Tätigkeiten
- Sexuelle Ausbeutung
- Kommerzielle Adoption
- Heirat

Ausbeutung in illegalen Tätigkeiten

- Genf, 2001: Zwei minderjährige Albaner wurden von kosovo-albanischen Drogenhändlern gezwungen, Drogen zu verkaufen. Als sie sich zu wehren versuchten, wurden sie massiv eingeschüchtert.
- Neuchâtel 2001: Minderjährige Rumänen wurden in die Schweiz eingeschleust, um Einbrüche zu verüben.
- Die Statistiken der Stadt Lausanne zeigen eine markante Zunahme der Delinquenz im Drogenhandel von Minderjährigen aus Guinea.
- Bern, März 2003: Bei einer Razzia in der Drogenszene werden 37 afrikanische Asylbewerber, mutmaßliche Drogenhändler, verhaftet – davon sind 10 minderjährig.

Sexuelle Ausbeutung

- Wie viele der jungen Frauen, die mit Versprechen auf ein besseres Leben und eine feste Anstellung in die Fänge von Menschenhändlern gelangen und zur Prostitution gezwungen werden, jünger als 18 sind, ist nicht bekannt. Unbestritten ist jedoch, dass die Schweiz Zielland für Frauen- und Mädchenhandel zur sexuellen Ausbeutung ist.

Kommerzielle Adoption

- 1999 bot ein Anwalt aus den USA in der Schweiz Kinder zur Adoption an – auf einer öffentlichen Veranstaltung in Zürich. Für 25 000 Dollar konnte man ein noch ungeborenes Kind »in Bestellung geben«. terre des hommes Lausanne prangerte dieses Vorgehen öffentlich an, informierte die zuständigen Stellen beim Bundesamt für Justiz und bei den internationalen Adoptionsstellen und setzte dem Handel damit ein Ende.
- Jedes Jahr werden ungefähr 700 Kinder aus dem Ausland in der Schweiz adoptiert. Bisher wurde noch nie überprüft, ob diese Kinder wirklich aus den angegebenen Herkunftsländern stammen. Untersuchungen in anderen Ländern zeigen, dass die Zahlen der Adoptierten aus einem bestimmten Land meist nicht mit denen der zu Adoptionszwecken ausgereisten Kinder übereinstimmen.

Heirat

- Zum Umfang des Handels mit Minderjährigen mit dem Ziel der Heirat gibt es keine gesicherten Kenntnisse.

Unbegleitete Minderjährige

- Die Statistiken des Bundesamtes für Polizei erfassen nur die Kategorie der so genannten unbegleiteten Minderjährigen. Die meisten dieser unbegleiteten Minderjährigen sind Jungen (mehr als 85 Prozent) im Alter zwischen 15 und 18 Jahren. Im Jahr 2001 stellten 1387 Minderjähri-

ge ein Asylgesuch in der Schweiz; 10 davon wurden als Flüchtlinge anerkannt, 104 wurden vorläufig aufgenommen. Es ist unklar, was mit den übrigen 1273 Jugendlichen passiert ist. Da sie über keinen legalen Status verfügen, sind sie besonders leichte Beute für Menschenhändler.
- Unbegleitete Minderjährige werden wie erwachsene Asylbewerber in ein Durchgangsheim gebracht, in zwei Kantonen existieren spezielle Aufnahmezentren für Minderjährige. Die Befragung findet nach demselben Muster wie bei Erwachsenen statt. Eine spezielle Sensibilisierung der Befrager für das Phänomen des Kinderhandels könnte bisher verborgene Fakten an den Tag bringen.

Herkunftsländer

- Die Schweiz ist selber nicht Herkunftsland von gehandelten Kindern, wohl aber Bestimmungs- oder Transitland. Dies mit folgenden Schwerpunkten:
- Unbegleitete Minderjährige: vor allem Guinea, Sierra Leone, Algerien, Somalia, Ex-Jugoslawien, Irak.
- Prostitution: Osteuropa (über Albanien–Italien in die Schweiz), Maghreb-Staaten, Südostasien.

Allgemein

- Der Handel mit Kindern in der Schweiz und über die Schweizer Grenzen hinweg ist noch weit gehend unerforscht. Gemäß einer Untersuchung der Bundesbehörden existieren keine amtlichen Fakten zum Thema Kinderhandel in der Schweiz (Bericht der interdepartementalen Arbeitsgruppe Menschenhandel, Bundesamt für Justiz, September 2001). Der Bundesrat hat die Koordinationsstelle »Menschenschmuggel und Menschenhandel« ins Leben gerufen und arbeitet an einer Informationskampagne für die Herkunftsländer der Opfer. Die Schweiz stellt seit dem 1. Januar 2003 Kinderhandel auch im Zusammenhang mit internationalen Adoptionen unter Strafe (Bundesgesetz vom 22. Juni 2001 zum Haager Adoptionsübereinkommen und über Maßnahmen zum Schutz des Kindes bei internationalen Adoptionen).
- In Zürich, der größten Schweizer Stadt, sowie in den Kantonen Zürich und Waadt wurden parlamentarische Anfragen zum Thema Kinderhandel eingereicht. Der Kanton Zürich kennt laut Angaben der Behörden keine Fälle von Kinderhandel. Ein Fall von Verschleppung einer Minderjährigen in die Schweiz zur Ausbeutung durch Prostitution ist bekannt, unbekannt ist jedoch, ob finanzielle Transaktionen im Spiel waren. Der Kanton Waadt hingegen berichtet von einem 12-jährigen Albaner, der von seinem Onkel in die Schweiz gebracht wurde unter dem Vorwand, ihn in die Schule zu schicken. Stattdessen wurde der Junge als Drogenkurier missbraucht. Gemäß Angaben der Waadtländer Polizei

existieren kriminelle Netzwerke, die regelmäßig Minderjährige mit dem Ziel des Drogenschmuggels und -handels in die Schweiz schleusen. Ob die Minderjährigen ihren Eltern »abgekauft« werden, ist nicht erwiesen.

Bernard Boëton/Renate Schoch
(Stiftung terre des hommes, Lausanne)

«DIE EFFIZIENTESTEN SOLDATEN«
Ausbeutung von Kindern in Subsahara-Afrika

Von Hans Hielscher

»Wenn man niemanden mehr auf Erden hat, weder Vater noch Mutter, noch Bruder, noch Schwester, und wenn man klein ist, ein süßer kleiner Kerl in einem barbarischen Land, wo allen die Kehle durchgeschnitten wird, was soll man dann tun? Natürlich, man wird Kindersoldat, ein ›Small soldier‹, ein ›Child soldier‹, um etwas zu essen zu bekommen und seinerseits anderen die Kehle durchzuschneiden. Das ist das Einzige, was einem übrig bleibt. Kindersoldaten werden all die, die auf der Erde und in Allahs Himmel nichts mehr zu suchen haben.«

So lässt der afrikanische Schriftsteller Ahmadou Kourouma einen Jungen seinen Weg in die wohl schlimmste Art von Kindesmissbrauch beschreiben. »Erlebnisse eines Kindersoldaten« lautet der Untertitel von Kouroumas Roman *Allah muss nicht gerecht sein.** Der Autor von der Elfenbeinküste hat als Erster einen skandalösen Zustand unserer Zeit zum literarischen Thema erhoben: das Leben und die Leiden von Kindern in Afrika, die von skrupellosen Erwachsenen zu gefühllosen Kampfmaschinen abgerichtet worden sind.

Kouroumas Held Birahima steht für Zehntausende von Kindern auf unserem Nachbarkontinent. Nach dem Tod seiner Mutter

* Ahmadou Kourouma, *Allah muss nicht gerecht sein. Erlebnisse eines Kindersoldaten*, München 2002.

ist der 12-Jährige aus seinem Dorf im Hinterland der Elfenbeinküste in die Metropole Abidjan gezogen. In der Stadt hört Birahima »wunderbare Dinge« über Liberia: »Dort würden Straßenkinder wie ich Kindersoldaten«; und die hätten »einfach alles: zum Beispiel Kalaschnikows, mit denen man pausenlos schießen könne, [...] Geld, sogar amerikanische Dollars, Schuhe, Kleider, Radios, Helme und sogar Geländewagen. Ich wollte nach Liberia reisen. Schnell, schnell. Ich wollte ein Kindersoldat werden.«

Birahima, das »Straßenkind ohne Furcht und Tadel«, wird Soldat. Bekleidet mit einem viel zu großen Fallschirmspringeranzug, oft voll gepumpt mit Drogen, wird er Täter und Opfer zugleich. Birahima erlebt auf Kriegszügen in Liberia und Sierra Leone Folterungen und Massaker, Brandschatzungen und Vergewaltigungen. Die Kalaschnikow erhebt den Jungen zum Herrn über Leben und Tod: »Man brauchte nur auf den Abzug zu drücken, und sie machte tralala, und die Lebenden fielen um wie Fliegen.«

Der Afrikaner Birahima erinnert an Simplizius Simplizissimus, die berühmte Romanfigur des deutschen Autors Hans Jakob Christoffel von Grimmelshausen aus dem 17. Jahrhundert: So wie sich der junge Simplizius durch das Europa des Dreißigjährigen Krieges (1618–1648) schlägt, so erlebt Birahima die afrikanischen Bürgerkriege des ausgehenden 20. Jahrhunderts. Mit der Darstellung des Schicksals zweier Kinder liefern uns die Autoren Grimmelshausen und Kourouma eine Chronik ihrer Zeit.

Bestürzend ist, dass die heutige Situation in weiten Teilen Afrikas so sehr den Zuständen bei uns vor 350 Jahren ähnelt. Kriege, Hunger und Seuchen dezimieren die Bevölkerung. Unter der Gewalt, der Gesetzlosigkeit und Armut leiden besonders die Kinder. Minderjährige werden zwangsrekrutiert oder schließen sich den Bewaffneten freiwillig an – Räubern, Rebellen, Soldaten. Denn Armeen sind zu marodierenden Banden verkommen, zu Landsknechtshorden, die das Volk terrorisieren. So war es im Dreißigjährigen Krieg in Europa. So ist es heute in Afrika.

Die Zahl der Kindersoldaten in Afrika wird auf über 120 000 geschätzt. Knirpse und sogar Mädchen dienen in Rebellengruppen in Norduganda und im Südsudan. Jungen sterben in den immer wieder aufflammenden Gefechten zwischen Clans in Somalia. Im Krieg zwischen Äthiopien und Eritrea von 1998 bis 2000 dienten Minderjährige auf beiden Seiten. Kinder werden im Krisengebiet um Afrikas Große Seen – Kongo, Ruanda, Burundi, Uganda – als Kanonenfutter verheizt. Sie kämpfen in den Bürgerkriegen Westafrikas, vor allem in Liberia und Sierra Leone.

»Kinder sind die effizientesten Soldaten«, sagt Olara Otunnu, aus Uganda stammender UNO-Sonderbeauftragter für Kinder in bewaffneten Konflikten. Sie essen weniger und verlangen keinen Sold. Kinder werden von Militärs und Rebellen als Kundschafter und Wachposten eingesetzt. Mädchen müssen kochen und erwachsenen Kriegern zu Willen sein.

Die Erwachsenen zwingen die Kinder bewusst zu Grausamkeiten an Menschen, die ihnen nahe stehen: Sie müssen Verwandte oder Nachbarn foltern, manchmal gar töten; denn dann brechen sie mit ihrem bisherigen Leben. Für die Kinder soll es kein Zurück geben. Der kleine Birahima aus Kouroumas Buch möchte Mitglied der Rebelleneinheit »Lykaons der Revolution« in Sierra Leone werden. Das geht nicht, weil seine Eltern schon gestorben sind. Bei den Lykaons wird nämlich nur aufgenommen, wer seinen Vater oder seine Mutter mit den eigenen Händen umbringt.

Das Geflecht der ineinander verzahnten Menschenrechtsverletzungen Kindersoldaten, Kinderarbeit, Kinderhandel und Kindersklaven ist in Afrika südlich der Sahara weiter verbreitet als anderswo auf der Erde. Kein Wunder. Denn Chaos und Anarchie auf dem so genannten Schwarzen Kontinent haben ein beklagenswertes Umfeld geschaffen:

Nirgendwo sonst ist die Kindersterblichkeit so groß, das Pro-Kopf-Einkommen so niedrig, die Zahl der Analphabeten so hoch.

Nirgendwo sonst haben bewaffnete Konflikte so viele Menschen aus ihrer Heimat vertrieben, hat die Aids-Pandemie so viele dahingerafft wie südlich der Sahara. Dort sinkt die (mit 48 Jahren ohnehin weltweit niedrigste) Lebenserwartung, während die Menschen in allen anderen Regionen der Erde älter werden.

Wettbewerbsfähig durch Kinderarbeit

»Afrika ist die Dritte Welt der Dritten Welt«, hat der nigerianische Präsident Olusegun Obasanjo einmal geklagt. Der Anteil des Kontinents am Welthandel sackte von 2,4 Prozent im Jahr 1972 auf 1,2 Prozent. Afrika hatte 2002 nur 0,06 Prozent aller Computer mit Zugang zum Internet. Angesichts dieser Lage überschrieb das britische Magazin *The Economist* eine Titelgeschichte über Afrika mit »Kontinent ohne Hoffnung«.

Leider verheißt die Globalisierung dem zurückgefallenen Erdteil keine Besserung. Im Gegenteil: »In einer Welt mit global organisiertem Kapital- und Warenverkehr«, prophezeit die in Paris erschienene Studie *L'Enfant exploité*, »können die südlichen Länder ihre Marktstellung nur dadurch sichern, dass sie den einzigen Bereich, in dem sie weit gehend noch wettbewerbsfähig sind, bis zum Anschlag ausreizen: die geringen Kosten der Arbeitskraft.«* Das aber bedeutet mehr statt weniger Kinderarbeit, denn die wird deutlich niedriger bezahlt als die Tätigkeit von Erwachsenen.

Subsahara-Afrika hält denn auch in diesem Bereich den Negativrekord: Nach Erhebungen der Internationalen Arbeitsorganisation (ILO) in Genf arbeiteten dort zum Beginn dieses Jahrtausends 29 Prozent der Kinder voll oder zeitweise (in Asien waren es 19 Prozent, in den Industrieländern 2 Prozent).

Allein in Westafrika werden rund 200 000 Kinder in Haushalten und Geschäften, in Werkstätten und auf Plantagen als billige Arbeitskräfte missbraucht. Fern von ihren Familien müssen sie den

* Bernd Schlemmer, *L'Enfant exploité,* Paris 1996.

Minderjährige, wie hier im Kongo, werden zwangsrekrutiert oder schließen sich den Bewaffneten freiwillig an. Die Zahl der Kindersoldaten in Afrika wird auf über 120 000 geschätzt. Foto: Guenay Ulutunçok

ganzen Tag lang schuften, werden oft geschlagen, sexuell missbraucht und unzureichend ernährt; nachts vegetieren sie in stallähnlichen Verschlägen.

Besonders verbreitet ist die Kinderarbeit auf den Kakaoplantagen der Elfenbeinküste. Weil dort besonders viele Minderjährige brutal verkauft und ausgebeutet werden, haben Menschenrechtler die Süßwaren aus diesem Kakao »Blutige Schokolade« genannt. Freilich ist die Produktion in dem einstigen afrikanischen Wirtschaftswunderland weit gehend zusammengebrochen, seit im Herbst 2002 ein offener Bürgerkrieg ausbrach. Kinderarbeiter wurden Kinderarbeitslose.

Westlich von der Elfenbeinküste schuften Kinder in Sierra Leones primitiven Diamantenminen. In Burkina Faso und im Kongo graben sie in lebensgefährlichen Erdlöchern nach Gold. In Malawi, wo die Tabakindustrie der größte Arbeitgeber ist, werden 10 000 Kinder bei der Ernte und beim gesundheitsschädlichen Trocknen der Tabakblätter eingesetzt. Im Bergland von Lesotho, im südlichen Afrika, erfrieren Hirtenjungen, denn die Temperaturen können unter Null Grad Celsius fallen.

»Wir betrachten das Hüten von Vieh als eine der gefährlichsten Formen von Kinderarbeit«, berichtet die in Lesotho stationierte Vertreterin des Kinderhilfswerks UNICEF. »Heute tauchen Viehdiebe mit automatischen Waffen auf. Die Diebe fesseln die Jungen, einige werden umgebracht oder vergewaltigt.«

Vieh zu hüten, gehört zu den traditionellen Tätigkeiten von Kindern in Afrika. Denn in den Arbeitskreislauf der Familie werden schon 5- bis 6-Jährige eingespannt. Kinder müssen von klein auf Verantwortung übernehmen. Sie holen Wasser und schleppen Brennholz. Sie stampfen Getreide, helfen auf dem Feld und betreuen jüngere Geschwister. Solche Mitarbeit ist in Agrargesellschaften üblich. Auch unsere Vorfahren mussten als Kinder auf Feldern, in Werkstätten und Geschäften arbeiten.

In Afrika kommt eine weit verbreitete Tradition hinzu: Vor allem ärmere Leute schicken ihre Nachkommen zu besser gestellten Familien oder Angehörigen der gleichen Ethnie. Bei denen müssen die Kinder zwar im Haus oder bei der Arbeit mithelfen. Aber sie werden in vielen Fällen wie die eigenen Söhne und Töchter behandelt. Und als Lohn für ihre Tätigkeit werden sie versorgt und in die Schule geschickt (die es möglicherweise in ihrem Heimatort gar nicht gibt).

»In unserer Kultur«, erklärte Benins Außenminister einer Reporterin der Londoner BBC, »halten wir es immer für gut, wenn ein Kind in einem bestimmten Alter, vielleicht mit 5 Jahren oder später, sein Elternhaus verlässt, um zu einem Onkel oder Freund der Eltern ins Ausland zu gehen. Wir glauben, das dient der Erziehung der Kinder. Sie werden dadurch zu Männern oder Frauen, erwerben Bildung und praktische Fähigkeiten und sind besser auf das Leben vorbereitet.«

Der missbrauchte Brauch

Inzwischen ist der Brauch leider zu einem Geschäft verkommen: Mittelsmänner schwatzen armen Eltern ihre Kinder ab. Sie versprechen leichte Arbeit und Möglichkeiten zum Schulbesuch. Pro Kind zahlen sie umgerechnet 25 bis 40 Euro – und verkaufen es zum zehnfachen Preis. Illegale Märkte für die Vermittlung von Kinderarbeitern entdeckten Hilfsorganisationen in Abidjan, Lagos und Libreville.

Das Verbrechen Kinderhandel ist ein wesentlicher Bestandteil des weltweit wachsenden Menschenhandels. Der rangiert einer US-Studie zufolge »nur hinter Drogen und Waffen« als »drittgrößte Profitquelle im Bereich der organisierten Kriminalität«.

In Afrika existiert Kinderhandel innerhalb von Staaten sowie über Ländergrenzen hinweg. Die armen Binnenländer Mali und Burkina Faso oder Kleinstaaten wie Togo und Benin gelten als Lieferländer für die Ware Kind. »In Benin«, folgert eine BBC-Recherche, »sind Kinder ein Wirtschaftsgut, das im Überschuss produziert wird.«

Das »Gut« wird vom Kakaoproduzenten Elfenbeinküste und von den Ölexporteuren Nigeria und Gabun importiert. »Jeder Gabuner hat seinen Ausländer«, spotten Afrikaner über das Land mit dem höchsten Sozialprodukt zwischen der Sahara und dem Sambesi.

Gabun war das Ziel jenes Seelenverkäufers, der in der Osterwoche 2001 das Elend der verkauften Kinder von Afrika zum ersten Mal ins Bewusstsein der Weltöffentlichkeit rückte: In Benins Haupthafen Cotonou war das in Nigeria registrierte Motorschiff »Etireno« in See gestochen. Angeblich hatte es 250 minderjährige Arbeitskräfte für Gabun an Bord. Aufgeschreckt verweigerten die dortigen Behörden dem Schiff die Landung; es durfte auch im benachbarten Kamerun nicht anlegen. Als die »Etireno« nach 18-tägiger Irrfahrt wieder in Cotonou einlief, warteten dort die Polizei, Hilfsorganisationen und Dutzende von Reportern.

Zwar stellte sich heraus, dass unter den 139 Passagieren, die auf Arbeitssuche illegal nach Gabun reisen wollten, nur 43 Kinder und Teenager waren. Doch das Thema »Kinderhandel« war nun endlich entdeckt worden. Journalistinnen und Journalisten aus aller Welt interessierten sich für die Berichte von engagierten internationalen Hilfsorganisationen und afrikanischen Menschenrechtlern. Reporter begannen, das Los der verkauften Kinder zu beschreiben, kritisierten die Untätigkeit vieler Regierungen und deckten die raffinierten Wege der skrupellosen Menschenhändler auf.

Die haben ihr Operationsgebiet über Afrika hinaus erweitert. Denn Landsleute in der westlichen Welt engagieren gern afrikanische Kinder für ihre Haushalte; in London und Paris lassen Diplomaten und Geschäftsleute die völlig Entwurzelten rund um die Uhr arbeiten. Nachfrage nach afrikanischen Kindern besteht auch in den Scheichtümern am Arabischen Golf. Dorthin verkauften Menschenhändler kleine Jungen zur Ausbildung und Ausbeutung als Kameljockeys. Zur getarnten Ausreise aus Afrika bietet die Pilgerfahrt nach Mekka eine gute Möglichkeit. Von der Hadsch kehren Jahr für Jahr Hunderte Kinder nicht in ihre Heimat zurück.

Afrikanische Menschenhändler erfinden immer neue Lügen, um die Behörden zu täuschen. So wurden in den Westen ausreisende Gruppen von Kindern als »Teilnehmer von Sportwettbewerben« über Grenzen gelotst. In einem Fall wurde gar eine »Audienz beim Papst« als Reisegrund angegeben.

Die »Etireno« tuckerte mit ihrer menschlichen Fracht durch die Bucht von Benin, die in der Vergangenheit »Sklavenküste« hieß. Von dort waren einst Millionen Afrikaner nach Amerika verschifft worden. Nun signalisierte das »Sklavenschiff Etireno« der Welt, dass dieses schändliche Kapitel der Menschheitsgeschichte offenbar noch immer nicht abgeschlossen ist. Ist der moderne Kinderhandel wirklich Sklaverei?

Der Soziologe Kevin Bales definiert Sklaverei als »die vollkommene Beherrschung einer Person durch eine andere zum Zweck wirtschaftlicher Ausbeutung«. Ein versklavter Mensch werde durch einen anderen mit Gewalt beherrscht und jeglicher persönlicher Freiheit beraubt. »Das entscheidende Merkmal«, so Bales, »ist Gewalt«, mit ihrer Hilfe werde der Sklave gegen seinen Willen festgehalten.* Dieses Kriterium trifft zweifellos auf viele der Kindersoldaten und Kinderarbeiter in Afrika zu.

Dennoch bat Benins Außenminister während der »Etireno«-Affäre die in sein Land geströmten Journalistinnen und Journalisten: »Nennen Sie den Vorgang nicht Sklaverei.« Tatsächlich ist der Begriff gerade in jenem Teil der Welt tabu, wo Sklavenhandel über Jahrhunderte florierte. Viele internationale Organisationen meiden das fatale »S«-Wort und sprechen lieber von »Vertragsarbeit«, »Kinderarbeit« und »Kinderhandel«.

Direkt Betroffene denken anders. So gab die Sudanesin Mende Nazer, die als Haushilfe nach London gelockt wurde, ihrem er-

* Kevin Bales, *Die neue Sklaverei*, München 2001.

schütternden Lebensbericht den Titel *Sklavin**, das Buch stieg inzwischen zum Bestseller auf.

Mende Nazer ist ein Opfer des seit 30 Jahren andauernden Bürgerkriegs im Sudan: Dort verschleppen Truppen und Milizen aus dem muslimischen Norden viele Menschen aus dem Süden des Landes, in dem Christen und Animisten leben. Eine westliche Hilfsorganisation hat sich darauf spezialisiert, solche »Sklaven« freizukaufen – was die meisten Experten kritisieren: Durch die Barzahlungen für Menschen werde erst ein Markt geschaffen; zudem kassierten skrupellose Mittelsmänner Geld, indem sie den Helfern Dorfbewohner und Flüchtlinge als »Sklaven« vorführten.

Neben dem Sudan nennt ein ILO-Bericht aus dem Jahr 2001 im Zusammenhang mit immer noch existierender Sklaverei in Afrika die Länder Mauretanien, Liberia und Sierra Leone. Oft hat die Versklavung von Menschen eine lange Tradition – wie zum Beispiel ein »Trokosi« genannter Brauch in Ghanas Volta-Region.

Dort übergaben Eltern als Sühne für das Verbrechen eines Familienmitgliedes – von Bagatelldelikten bis zum Mord – eine jungfräuliche Tochter an Fetischpriester zur »Verheiratung mit den Göttern«. In Wahrheit hielten die Priester die Mädchen in ihren Schreinen als Haus- und Sexsklavinnen. Die Jahrhunderte alte Unsitte wurde erst Ende der 1990er-Jahre verboten; 2900 Mädchen und Frauen kamen frei. Ein Rehabilitationszentrum für die ehemaligen rituellen Sklavinnen wird vom UN-Entwicklungsfonds für Frauen unterstützt.

Ein Kilo für einmal Sex

Die UNO und internationale Organisationen helfen engagierten Afrikanerinnen und Afrikanern im Kampf gegen Menschenrechtsverletzungen und setzen sich besonders für den Schutz von Kindern ein. Deshalb lösten Enthüllungen über Zustände in afrikani-

* Mende Nazer/Damien Lewis, *Sklavin*, München 2002.

Westafrika: Jungen als billige Arbeitskräfte auf Plantagen: »Ein Wirtschaftsgut, das im Überschuss produziert wird.« Foto: Veit Mette

schen Flüchtlingslagern im Februar 2002 Entsetzen aus: Einem Bericht des UN-Flüchtlingshilfswerks UNHCR und der britischen Organisation Save the Children zufolge wurden rund 70 einheimische Mitarbeiter von über 40 Organisationen verdächtigt, Frauen und Kinder sexuell missbraucht zu haben. Ermittler hatten in Lagern in Sierra Leone, Liberia und Guinea 1500 Zeugen befragt.

»Wenn du keine Frau oder Schwester oder Tochter hast, die du den Helfern anbieten kannst, wird es schwierig, an Hilfsgüter zu kommen«, wird ein Mann zitiert. Bei der Verteilung von Sojamehl hieße es: »Ein Kilo für einmal Sex.« Ein Kind erzählte, dass »der große Mann mit dem kleinen Mädchen Liebe macht«: »Der große Mann kann das kleine Mädchen rufen. Sie gehen in sein Haus, und sie schließen die Tür zu.«

UN-Flüchtlingskommissar Ruud Lubbers war über den Bericht aufgebracht und gelobte, gegen die schamlosen Helfer durchzugreifen. Es sei schmerzhaft, wie die Arbeit der Helfer von den »Taten einer Minderheit besudelt« werde. Tatsächlich hatten die Veröffentlichungen über die Ausbeutung von Kindern, über Kinderhandel und Kindersoldaten in den vergangenen zwei Jahren einen positiven Effekt. Sie setzten Verantwortliche unter Handlungsdruck, etliche reagierten.

So übergaben Rebellenführer im Südsudan 2600 Kindersoldaten an das UN-Kinderhilfswerk; und der kongolesische Präsident Joseph Kabila erklärte im Juni 2001, seine Armee werde alle Kindersoldaten entlassen und künftig keine Minderjährigen mehr rekrutieren. Die damalige UNICEF-Chefin Carol Bellamy feierte die Ankündigung als »Meilenstein«; dabei weiß sie natürlich, dass eine Absichtserklärung längst nicht die Verwirklichung einer Maßnahme bedeutet.

Hoffnungsvolle Ansätze

Gute Vorsätze verkündete auch Amerikas Chocolate Manufacturers Association, zu deren Mitgliedern der Nestlé-Konzern gehört:

Die Süßwarenhersteller verpflichteten sich, die Kinderarbeit ihrer Kakaolieferanten an der Elfenbeinküste zu untersuchen und ihre Abschaffung zu erzwingen. Süßwaren, die frei von Ausbeutung produziert werden, sollen ein Gütesiegel erhalten. Auf Plantagen der Elfenbeinküste begann die Rückführung der auf bis zu 15 000 geschätzten Kinder-Gastarbeiter aus Mali und Burkina Faso.

Nun wurde der Kinderhandel weltweit geächtet. Verschiedene internationale Hilfsorganisationen haben inzwischen dem Kinderhandel den Kampf angesagt. Nelson Mandela eröffnete beispielsweise zusammen mit seiner Ehefrau Graça Machel und Desmond Tutu im Juni 2002 in Mozambiks Hauptstadt Maputo die internationale Kampagne von terre des hommes gegen Kinderhandel. In mehreren afrikanischen Ländern wurden Gesetze gegen Kinderhandel auf den Weg gebracht. Am Hauptgrenzübergang zwischen Benin und Nigeria erinnern jetzt Schilder daran, dass für mitreisende Kinder Dokumente vorgelegt werden müssen.

Unterdessen kümmern sich mehrere Organisationen in Sierra Leone, im Kongo und in Uganda um ehemalige Kindersoldaten. Es ist schwer, sie wieder in die Gesellschaft einzugliedern, aber in den meisten Fällen scheint es zu gelingen.

Der Kindersoldat Birahima aus Ahmadou Kouroumas Roman findet am Ende des Buches eine Überschrift für seine Erlebnisse: »Ich weiß jetzt, wie der vollständige Titel meines Blabas lauten wird: ›Allah muss nicht gerecht sein in allen Dingen hier auf Erden.‹« Aber wie wird Birahimas Leben nach seiner Soldatenzeit weitergehen? Das müssen wir uns wohl selbst ausmalen. Es sei denn, Kourouma entschließt sich, die Geschichte fortzuschreiben.

KINDERHANDEL IN WESTAFRIKA

Zwecke des Kinderhandels

- Ausbeutung durch Arbeit
- Ausbeutung in illegalen Tätigkeiten
- Sexuelle Ausbeutung

Ausbeutung durch Arbeit

- Kinderhandel und Kinderarbeit funktionieren in westafrikanischen Ländern vor einem speziellen kulturellen und ökonomischen Hintergrund.
- Beispiel Benin
  Kinder, zumeist Mädchen im Alter von etwa zehn Jahren, werden zu wohlhabenderen Verwandten gegeben (platziert), die von der Arbeit der ihnen Anvertrauten profitieren und gleichzeitig für Ausbildung und Erziehung sorgen sollen. Damit wird – so der Gedanke – die Herkunftsfamilie ökonomisch entlastet, den Kindern eine bessere Zukunft geboten und gleichzeitig werden die verwandtschaftlichen Beziehungen gestärkt.
  Im Zuge der ökonomischen und sozialen Degradierung hat sich dieses System jedoch verändert. Nun gelangen diese Kinder über professionelle Vermittlerinnen (zumeist Frauen) als billige Arbeitskräfte in städtische Haushalte. Im Gegenzug erhalten die Eltern eine Geldsumme oder andere »Geschenke«.
  Die auf diesem Wege vermittelten Kinder, Vidomégon genannt, sind zu 85 Prozent Mädchen. Sie müssen die anfallenden Hausarbeiten übernehmen oder werden für den Straßen- und Markthandel eingesetzt.
  In den beiden beninischen Städten Cotonou und Porto Novo leben nach Schätzungen insgesamt etwa 100 000 Vidomégon in 65 Prozent aller Haushalte. Die Arbeitszeit beträgt bis zu 15 Stunden täglich, Misshandlungen sind keine Seltenheit.
  75 Prozent der Kinder werden nicht entlohnt, sondern erhalten lediglich Unterkunft und Verpflegung.
  Ein vergleichbares System der »Platzierung« hat sich in Togo, Ghana und der Elfenbeinküste entwickelt.
- In Westafrika existiert ein Netz von Vermittlern, Fahrern, Zwischenhändlern und Schleppern, die vom Handel mit Kindern und Jugendlichen profitieren.
- Die Vermittlung von Plantagenarbeitern aus Mali in die Elfenbeinküste:
  Kinder und Jugendliche kommen auf der Suche nach Arbeit aus den Dörfern nach Sikasso (Mali), einem der größten Vermittlungs- und Kontaktorte in der Region. Von dort werden sie unter falschen Versprechungen u. a. von Taxifahrern über die Grenze in die Elfenbeinküste gebracht und an Plantagenbesitzer verkauft. Ihre Versorgung ist mangelhaft, häufig werden sie Opfer von Gewaltanwendung.
- Die Vermittlung von Burkina Faso in die Elfenbeinküste: Seit mehreren Generationen leben Burkinabé

in der Elfenbeinküste. Ihre Verbindungen nach Burkina Faso ermöglichen es ihnen, Arbeitskräfte aus ihren ehemaligen Heimatorten zu rekrutieren. Die Kinder und Jugendlichen geraten in Abhängigkeit von den Plantagen- und Landbesitzern, ohne die Gewissheit auf Lohnzahlung.

- Die Vermittlung von Benin und Togo nach Gabun: Kinder und Jugendliche werden in Benin oder auch Togo von den Vermittlern angeworben oder gekauft und nach Gabun gebracht. Dies geschieht vom Hafen Cotonou in Benin oder von den benachbarten Häfen in Togo oder Nigeria aus. Die Seereise nach Gabun kann bis zu zwei Wochen dauern und bis zu einem Drittel der Passagiere das Leben kosten. In Gabun werden die Kinder und Jugendlichen entweder von den Vermittlern selbst oder von Komplizen in Empfang genommen und an die vorgesehenen »Arbeitgeber« übergeben. Die Jungen (etwa 20 Prozent der Kinder) werden zu handwerklichen Tätigkeiten, die Mädchen zur Hausarbeit oder zum Handel gezwungen. Oftmals werden die Jugendlichen kurz vor ihrer Volljährigkeit mit 18 Jahren wieder zurückgeschickt, da in Gabun ab 18 Jahren eine kostenpflichtige Arbeitserlaubnis benötigt wird. Neben Gabun sind auch Nigeria, Äquatorial-Guinea und die Elfenbeinküste Zielländer für Kinder und Jugendliche aus Benin oder Togo.
- Vermittlung von Benin in die Scheichtümer am Arabischen Golf: Dorthin verkaufen Menschenhändler kleine Jungen zur Ausbildung und Ausbeutung als Kameljockeys. Zur getarnten Ausreise aus Afrika bietet die Pilgerfahrt nach Mekka eine gute Möglichkeit. Von der Hadsch kehren Jahr für Jahr Hunderte Kinder nicht in ihre Heimat zurück.

Sexuelle Ausbeutung

- Viele Mädchen, die als Hausangestellte arbeiten, sind sexuellen Übergriffen seitens ihrer Arbeitgeber ausgesetzt.
- Westafrikanische Mädchen werden in europäische Bordelle verkauft.

Verschiedene Handelsformen

- Verschenken: Das Kind wird Verwandten übergeben, um mit diesen zu leben und von ihnen erzogen zu werden. Bevorzugtes Zielland hierfür ist das Nachbarland Nigeria.
  Verpfändung: Das Kind wird als Pfand für einen geliehenen Geldbetrag dem Verleiher überlassen und muss die Summe abarbeiten.
- Verkauf: Das Kind wird gegen Geld einer Vermittlerin oder einem Vermittler überlassen.
- Wanderarbeit: Jugendliche lassen sich freiwillig zur Arbeit anwerben und werden dann in andere Länder der Region transportiert und ausgebeutet.

Herkunft und Routen

- Kinder aus Mali in die Elfenbein-beinküste
- Kinder aus Benin nach Nigeria (Ziel- und Transitland nach Gabun)
- Kinder aus Benin, Ghana oder Togo nach Gabun
- Kinder aus Mali, Togo und Benin nach Burkina Faso
- Mädchen aus Burkina Faso nach Kuwait
- Mädchen und Jungen aus Benin in die Golfstaaten
- Überwiegend Mädchen aus Benin über Togo in die Elfenbeinküste

Personen(gruppen), die in Kinderhandel involviert sind

- Eltern und Verwandte
- Plantagenbesitzer
- Vermittler und Schlepper
- Grenzbeamte
- Fahrer

Faktoren, die den Handel mit Kindern begünstigen

- Arbeitsmigration junger, meist männlicher Erwachsener, verursacht durch Dürre, Krieg oder Armut.
- Arbeitsmigration junger malischer Frauen mit dem Ziel, sich die Aussteuer zu verdienen.
- Fehlendes Bewusstsein über Existenz und die Folgen des Kinderhandels.
- Erziehungsnormen, die körperliche Züchtigungen sowohl von der eigenen Familie als auch von den für die Erziehung verantwortlichen Verwandten in der Stadt tolerieren.
- Unzureichende Schulbildung und ein frühzeitiger Eintritt ins Erwerbsleben.
- Gesellschaftliche Akzeptanz von Kinderarbeit als Teil der Erziehung.
- Hohe Kinderzahl der häufig polygamen Familien und dadurch entstehende oder sich verschärfende ökonomische Schwierigkeiten.
- Allgemeine Verschlechterung der Lebensbedingungen in den Herkunftsländern und die dadurch erhöhte Bereitschaft der Eltern, ihre Kinder wegzugeben.
- Vermehrte Konsumwünsche der Kinder und Jugendlichen.
- Geringe Kenntnis über die tatsächlichen Lebens- und Arbeitsbedingungen in den vermeintlich reichen Ländern Elfenbeinküste, Nigeria oder Gabun.
- Steigende Nachfrage nach Kindern und Jugendlichen als Arbeitskräfte durch die Plantagen- und Landbesitzer, die gezwungen sind, immer billiger zu produzieren.
- Steigender Bedarf an billigen Haushaltshilfen in den wachsenden Großstädten.
- Durchlässigkeit der Grenzen und die Komplizenschaft der Grenzbeamten.
- Fehlende Verfolgung der Kinderhändlerinnen und -händler durch Polizei und Justiz.
- Fehlende Umsetzung der von den Staaten ratifizierten internationalen Kinderrechtskonventionen.

Quelle: »Kinderhandel in Westafrika«, Recherche von Inga Nagel, terre des hommes Deutschland, Osnabrück 2000.

ZUM ERSTEN MAL RICHTIG KIND SEIN
Hilfsprogramme für ehemalige Zwangsarbeiter-Kinder in Indien

Von Monika Hoegen

Ab und zu gibt es Beschwerden. Wenn Hühnchen und Reis oder Naan und Chapathi, die beliebten Fladenbrote, mittags ein paar Minuten zu spät aufgetischt werden. Oder wenn Dhal, der Brei aus Hülsenfrüchten, mal wieder nicht genügend gewürzt ist. »Unsere Jungs haben gelernt, ihre Rechte einzufordern«, sagt Sanjeev Mishra, Manager des Rugmark-Rehabilitationszentrums in Balashrya. Das ist keine Selbstverständlichkeit. Denn seine »Jungs« waren zuvor eher daran gewöhnt, unterdrückt, ausgebeutet und zuweilen brutal geschlagen zu werden. Sie alle haben bei Teppichknüpfern als Zwangsarbeiter geschuftet – in viel zu engen, schlecht durchlüfteten, dunklen Räumen, oft von 8 Uhr morgens bis 4 Uhr nachmittags, häufig ohne ausreichendes Essen und Wasser und ohne jegliche medizinische Versorgung. Wochen-, ja, manchmal monatelang ging das so – bis die Kinder von Inspektoren befreit und nach Balashrya gebracht wurden. Diese Kontrollen finden im Auftrag der unabhängigen Rugmark-Stiftungen statt, die den Handel mit Teppichen ohne Kinderarbeit unterstützen (siehe »Stichwort Rugmark« am Ende dieses Kapitels).

Bobalu, 12, zum Beispiel, kam vor zwei Jahren hierher. Ausgemergelt, schwach und fiebrig, so hatten die Inspektoren ihn in einer Teppichknüpferei vorgefunden. »Der Mann, dem der Webstuhl gehörte, war sehr brutal. Er schlug mich oft, wenn ich das Tagessoll beim Teppichknüpfen nicht erfüllte«, erinnert sich der Junge. Lohn für die harte Arbeit sah er keinen. Nur sein Onkel, so sagt Bobalu, sei eines Tages vorbeigekommen, habe von dem Webstuhlbesitzer etwas Geld erhalten und sei damit weggegangen. Dann wurde Bobalu krank. »Ich bekam Fieber, trotzdem zwang mich der Weber, weiterzuarbeiten. Mehrere Nächte lag ich wach und dachte daran, zu flüchten. Dann kamen zum Glück die Inspektoren von Rugmark und befreiten mich.«

Schwach, wie er war, konnte Bobalu zunächst nicht in Balashrya bleiben. Er wurde in ein nahe gelegenes Krankenhaus gebracht, wo man Wasser in seinen Körper injizierte, um ihn wieder aufzupäppeln. Allmählich ging es dem Jungen besser. Heute lebt und lernt er gerne in Balashrya: »Es geht mir gut hier. Ich mache auch eine Ausbildung als Schreiner. Aber eines Tages möchte ich in mein Dorf zurückgehen und dort arbeiten«, sagt Bobalu.

Zuerst die Angst nehmen

Das Rugmark-Rehabilitationszentrum Balashrya mit seinen hellen, freundlichen Gebäuden und dem weitläufigen Innenhof wurde 1996 gegründet. Etwa 70 Jungen sind hier untergebracht – allesamt aus der Zwangsarbeit am Webstuhl befreit. Balashrya bietet den Kindern einen geschützten Raum – Schutz auch davor, erneut von Eltern, Geschwistern oder anderen Familienangehörigen zum Arbeiten geschickt zu werden oder durch skrupellose Webstuhlbesitzer in die Knechtschaft zu geraten. Dass der Aufenthalt in Balashrya für sie keine neue Bedrohung darstellt, davon allerdings müssen viele Kinder erst einmal überzeugt werden. »Manche denken, sie kämen in ein Gefängnis«, sagt Manager Mishra. »Doch dann sehen sie, dass es hier schön ist. Dass sie bei uns lernen und spielen können – die zwei Dinge, die für Kinder am wichtigsten sind.« Wird ein Kind nach Balashrya gebracht, dann werden am nächsten Tag außerdem sofort die Eltern informiert. Mishra: »Die können dann hierher kommen und dürfen sich einen Tag lang al-

Schwerstarbeit an Knüpfrahmen: Im Teppichgürtel Indiens schuften viele Kinder in Schuldknechtschaft. Insgesamt arbeiten schätzungsweise 20 000 Kinder unter 14 Jahren in der Textilindustrie. Foto: Theodoric Dom

les anschauen. Auch ihnen müssen wir ja die Angst nehmen, ihre Kinder seien vielleicht in ein Gefängnis gebracht worden.«

Neben der normalen Schulbildung gibt es für die Jungen in Balashrya auch handwerkliche Kurse. Von Malen über Schreinern bis hin zum Schneidern reicht die Palette. Dabei können die Kinder selbst entscheiden, was sie am liebsten lernen möchten. Mukesh (11), Kamleshwar (13) und Amresh (13) haben sich für die Malklasse entschieden. »Ich mag alles, was schön aussieht«, sagt Amresh, »deshalb male ich gerne.«

»Die Kinder lieben es besonders, Früchte und Blumen zu zeichnen, sie mögen die Natur«, weiß ihre Lehrerin Nituwasch Wakma zu berichten. Gelegentlich wurden die kleinen Meisterwerke auf Wasserfarbenbasis schon in den örtlichen Zeitungen veröffentlicht.

Wimal, 14 Jahre alt, bastelt gerade an einer hölzernen Informationstafel für eine Rugmark-Schule im benachbarten Bhadohi. Später, so sagt der Junge, der bereits äußerst präzise mit dem Schreinerwerkzeug umgehen kann, will er mal richtig schöne Möbel machen. Auch Ganga Ram träumt von einer eigenen Schreinerei, die er in seinem Heimatdorf eröffnen will. Lehrer Panchalal ermutigt die Jungen zu solchen Zukunftsträumen. »Wer ein guter Schreiner geworden ist und Balashrya verlässt, der bekommt von uns zum Abschied eine kleine Ausrüstung geschenkt.«

Überhaupt ist Panchalal froh, dass die Kinder es schon so weit gebracht haben. »Wenn sie hierher kommen, sind viele von ihnen komplette Analphabeten. Sie können nicht lesen oder rechnen und haben deshalb am Anfang auch Schwierigkeiten, die Holzteile richtig zusammenzufügen.« Da helfe nur viel Geduld, so der Lehrer. Die und eine gute Portion Einfühlungsvermögen braucht er auch, wenn seine Schüler die Erinnerung an die schlimme Zeit in den engen, stickigen Hütten hinter den Webstühlen überkommt. »Ich sage den Jungen dann, vergesst die Vergangenheit. Jetzt könnt ihr eure Kindheit genießen und an eure Zukunft denken.« Panchalal weiß, wovon er spricht. Er selbst musste als Kind hart arbeiten, weil die Familie arm war. »Meine eigene Geschichte erzähle ich heute den Jungen von Balashrya«, so Panchalal. »Sie sollen wissen: Da gibt es einen, der hat gekämpft und es geschafft. Das können wir auch.«

Im Gebäude weiter vorne nimmt Deepak Kumar Singh gerade an ein paar Stoffstücken Maß. In knapp zwei Stunden schneidert der 14-Jährige ein Hemd im Rugmark-typischen Stoff mit seinen kleinen, braun-weißen Karos. Sie werden schon mal als Gastgeschenke für Besucher, meist aber für die Schuluniform der Kinder in den Rugmark-Grundschulen fabriziert.

Auch Teppichknüpfen wird in Balashrya gelehrt. »Doch das ist bei uns ein normales Unterrichtsfach, wie alle anderen auch«, sagt Manager Mishra. Während andere schneidern, schreinern oder malen, können sich die Jungen, die das gerne wollen, eine halbe Stunde täglich in der Webkunst üben. Die Webstühle sind an der frischen Luft aufgestellt, in einem hellen, offenen Unterstand. Muffige Enge, das gibt es hier nicht. Es wird genau auf Qualität und handwerkliches Können geachtet. Mishra: »Wir sind ja nicht gegen die Teppichindustrie, denn das ist es, wovon die Menschen in dieser Gegend leben. Und natürlich brauchen wir auch in Zukunft weiterhin gute Weber. Wer von den Jungen später einmal Teppichknüpfer werden möchte, der soll es bei uns richtig lernen.«

Zum ersten Mal ein eigenes Bett

Gehört der erste Teil des Tages in Balashrya dem Unterricht und der Ausbildung, so wird es gegen Nachmittag auf dem Gelände so richtig lebhaft. Dann haben die Kinder Zeit zum Herumtollen, Ballspielen, Bücherlesen oder Gitarrezupfen im kleinen Aufenthaltsraum des Zentrums, der auch über einen Fernseher verfügt. Draußen auf den steinernen Gängen werden jeden Tag die aktuellen Zeitungen ausgelegt – stets dicht umlagert von den Jungen, denen es besonders die Sportseiten angetan haben. Über den indischen Nationalsport Kricket und seine Idole wissen die Kinder hier fast alles. Wer will, kann sich aber auch über die große Politik informieren. Die neuesten Schlagzeilen werden immer morgens in schöner Kreideschrift auf eine große Tafel neben dem Sportplatz geschrieben.

Wenn die Jungen dann am Abend in den Schlafsälen zur Ruhe kommen, dann ist das für viele ein neues Erlebnis. Manche verfügen zum ersten Mal in ihrem Leben über ein eigenes Bett, sind zum ersten Mal dafür verantwortlich, dass das bunte, batik-gemusterte Laken auch jeden Morgen wieder ordentlich hergerichtet wird. An den Wänden hängen bunte Bildchen, ausgerissene Kalenderblätter – die ersten persönlichen Erinnerungen. Kommen Eltern oder Geschwister zu Besuch, zeigen die Jungen stolz ihr neues Reich. Böse auf ihre Familien, weil die sie in die Zwangsarbeit geschickt haben, das sind die meisten Kinder hier nicht. Und wenn, würden sie es nicht zugeben. »In unserer Gesellschaft ist es nicht üblich, dass Kinder die Eltern oder Erziehungsberechtigten kritisieren, egal, was die machen«, sagt Manager Mishra. Und so bleibt es auch in Balashrya vorerst bei den gelegentlichen Beschwerden übers Mittagessen.

Rugmark-Siegel: An diesem Siegel erkennen Verbraucher Teppiche, die ohne Kinderarbeit hergestellt werden.

Die Geschichte von Wimal

»Ich komme eigentlich aus Bihar und habe im Allahabad-Distrikt gearbeitet. Als ich noch in meinem Dorf lebte, in unserem Haus, da waren meine Eltern und die anderen immer wütend und sagten: ›Du arbeitest nichts und kriegst nur Essen hier. Geh irgendwohin und tu was.‹ Mein älterer Bruder arbeitete schon in der Teppichgegend und schickte einen Brief an meinen Vater. ›Der Teppichknüpfer kommt, schick Wimal mit ihm zurück‹, stand da drin. Die Weber kommen regelmäßig in unsere Gegend und suchen Kinder zum Arbeiten. Dann kam der Mann mit dem Brief von meinem Bruder. Er sprach mit meinem Vater und gab ihm 500 Rupien im Voraus. Dann nahm er mich mit. Noch drei andere Kinder kamen auch mit. Ich war einen Monat bei dem Teppichknüpfer, dann wurde ich von den Inspektoren befreit. Damals war ich 10 Jahre alt. Von 6 Uhr morgens bis 4 Uhr nachmittags mussten wir arbeiten, wir hatten eine halbe Stunde Pause. Wir haben auch neben dem Webstuhl geschlafen. 100 Rupien (rund 2,50 Euro) im Monat bekamen wir und etwas zu essen. Nur ein Erwachsener arbeitete dort, alle anderen waren Kinder. Damals hatte ich viele Probleme, heute weiß ich besser, wie ich leben kann. Ich will nicht zurück in mein Dorf. Ich will noch weiterstudieren und irgendwann einmal eine eigene Schreinerei hier in der Nähe haben. Böse auf meinen Vater bin ich nicht. In unserer Familie damals gab es viele Probleme, deshalb schickte er mich zur Arbeit. Ich möchte meine Eltern gerne wiedersehen. Mein Bruder hat mich auch schon einmal in Balashrya besucht.

Protokoll: Monika Hoegen

Stichwort Rugmark

Hersteller von Teppichen aus Indien und Nepal, die das Siegel von Rugmark* tragen, verpflichten sich, keine Kinder unter 14 Jahren zu beschäftigen, gesetzliche Mindestlöhne zu zahlen und unangekündigte Kontrollen zuzulassen. Diese Kontrollen finanzieren sich über eine viertelprozentige Abgabe der Produzenten. Teppichimporteure in Deutschland zahlen 1 Prozent des Importwertes; teurer als vergleichbare Waren ohne Siegel sind die Rugmark-Teppiche dadurch nicht.

Werden Kinder bei der Arbeit angetroffen, verliert der Hersteller seine Lizenz, die Kinder werden in Rehabilitationszentren untergebracht, wo sie eine Ausbildung absolvieren können. Auch die Suche nach ihren Familien wird unterstützt. Viele der Kinder mussten als Schuldknechte schuften, weil Geldverleiher sie ihren Eltern gegen einen Kredit abgekauft haben.

Bis Ende 2001 wurden mehr als 2 Millionen Rugmark-Teppiche in Deutschland, den Niederlanden, Luxemburg, Großbritannien, den USA und Kanada verkauft.

Rugmark Deutschland wird von der Bundesregierung ebenso unterstützt wie von den Hilfswerken terre des hommes, Brot für die Welt, Misereor und UNICEF.

* Weitere Informationen unter: www.rugmark.de

KINDERHANDEL IN INDIEN

Zwecke des Kinderhandels

- Sexuelle Ausbeutung
- Ausbeutung durch Arbeit
- Ausbeutung in illegalen Tätigkeiten
- Heirat
- Kommerzielle Adoption

Sexuelle Ausbeutung

- Zwangsprostitution: Mädchen aus Indien, Nepal oder Bangladesch ab dem Alter von 8 Jahren werden an Bordelle verkauft oder für pornografische Zwecke missbraucht.
- Sextourismus: Er konzentriert sich auf Goa und den angrenzenden Bundesstaat Karnataka sowie auf die Region um New Dehli, Jaipur und Agra. Der Sex mit Kindern für Touristen wird von Indern und im Lande ansässigen Ausländern organisiert.
- Religiöse Prostitution: Religiöse Prostitution ist als regionale und kulturelle Besonderheit mit unterschiedlichen Zeremonien u. a. in den Bundesstaaten und Regionen Karnataka, Belgaum, Raichur, Bijapur, Andhra Pradesh, Maharashtra, Uttar Pradesh und Orissa verbreitet: Beispiel Devadasi-Kult: Junge Mädchen im Alter von 5 bis 9 Jahren, meist aus armen Familien der unteren Kasten stammend, werden durch eine Zeremonie in einem Tempel mit der Gottheit »verheiratet«. Nach dieser Zeremonie bleiben die Mädchen im Tempel, um Männern als Prostituierte zu dienen. Jedes Jahr werden allein aus der Kaste der Harijan 5000 bis 10 000 Mädchen auf diesem Wege in die Prostitution gezwungen.

Ausbeutung durch Arbeit

- Zwangsarbeit: Kinder werden in der Fischerei/Fischindustrie (zum Beispiel in Shrimps verarbeitenden Fabriken in Kerala), in der Textilindustrie (mit Kindern aus Nepal oder Bangladesch), bei der Hausarbeit, in der landwirtschaftlichen Arbeit, im Baugewerbe und im Handwerk eingesetzt. Oftmals werden die Kinder gezwungen, die Schulden ihrer Eltern zu übernehmen und durch Arbeit zu begleichen. Damit geraten sie in eine dauerhafte Abhängigkeit von Landbesitzern oder anderen Geldverleihern (Schuldknechtschaft).

Ausbeutung in illegalen Tätigkeiten

- Bettelei: Kranke und behinderte Kinder werden als Bettler eingesetzt.
- Drogenhandel und -schmuggel: Drogenhandel und -schmuggel findet mit drogenabhängigen Kindern und Jugendlichen statt, die weniger den Kontrollen der Polizei ausgesetzt sind.
- Vergnügungsindustrie: Mädchen im Norden Indiens werden als Tänzerinnen eingesetzt, Jungen werden als Kameljockeys in die Golfstaaten verkauft.

Heirat

- Mädchen und junge Frauen werden gegen entsprechendes finanzielles Entgelt an die Familie sowohl innerhalb Indiens als auch in anderen Ländern als Ehefrauen verkauft. Noch nicht volljährige Mädchen werden für einen Preis von 2000 bis 15 000 Rupien (ca. 50 bis 375 Euro) gekauft und gegen den doppelten Preis an ihren zukünftigen Ehemann weitergegeben.

Kommerzielle Adoption

- Im Auftrag von Adoptionsagenturen sprechen Vermittler verarmte Familien an und bieten ihnen Geld für ihre Kinder. Die Eltern müssen eine Einverständniserklärung unterschreiben, mit der anschließend Visa beantragt werden können.
- Zeitungsberichten zufolge verkaufen vermeintlich karitative Organisationen Babys an ausländische Paare für 2000 bis 3000 US-Dollar pro Kind. Häufig gehören die Kinder benachteiligten ethnischen Minderheiten an.

Routen

- Indien ist Herkunfts-, Transit- und Zielland des internationalen Handels mit Kindern und Frauen:
- Aus Nepal und Bangladesch über Indien in die Golfstaaten und in europäische Staaten (Adoption)
- Kinder nach Goa (kommerzielle sexuelle Ausbeutung)
- Frauen aus Bangladesch in die Grenzgebiete nach Indien (Heirat)
- Jungen aus Indien in die Golfstaaten (Kamelrennen)
- Aus Nepal und Bangladesch nach Indien (Zwangsarbeit, Zirkus, Prostitution)
- Innerhalb Indiens sind alle größeren Städte (New Delhi, Mumbai, Kalkutta, Bangalore oder Hyderabad) sowohl Ziel- als auch Transitort für Kinder.

Personen(gruppen), die in Kinderhandel involviert sind

- Ehemänner, Familienmitglieder und Verwandte
- Freunde, Lehrer, andere Personen aus dem persönlichen Umfeld
- Lokalpolitiker
- Priester (religiöse Prostitution)
- Vermittlerinnen und Vermittler
- Mitglieder organisierter krimineller Banden
- Angehörige von Polizei, Zoll oder Grenzpolizei
- Sozialarbeiter
- Angehörige des Gesundheitswesens
- Mitglieder öffentlicher Institutionen oder von Nicht-Regierungs-Organisationen
- Zuhälter, Bordellbesitzer, Freier
- Touristen und Reiseagenturen
- Arbeitsvermittler
- Inhaber von Handwerksbetrieben, Fabriken

Faktoren, die Kinderhandel begünstigen

- Der niedrige soziale Status vieler gesellschaftlicher Gruppen. In Indien ist Kinderhandel nicht vom System der Kasten zu trennen.

- Traditionelle religiöse und kulturelle Praktiken.
- Diskriminierende Gesetze gegen Frauen und Kinder.
- Der zunehmende Warencharakter der Kinder innerhalb einer globalisierten Marktwirtschaft.
- Hohe Profitmöglichkeiten.
- Wachsender Tourismus.
- Wachsende nationale und internationale Nachfrage nach Adoptivkindern.
- Aberglaube, dass Sex mit ganz jungen Mädchen (Jungfrauen) vor ansteckenden Krankheiten schützt.
- Naturkatastrophen, kriegerische Auseinandersetzungen oder ökonomische Krisen erhöhen die Gefahr für Kinder, Opfer von Kinderhandel zu werden.

Q*uelle: »Child Trafficking in India. HAQ«, Centre for Child Rights/terre des hommes Deutschland, New Delhi 2001.*

WEN KÜMMERT SCHON DIE VERFASSUNG?
Die Tradition der Schuldknechtschaft in Indien

Von Kathyayini Chamaraj

Die 14-jährige Yellamma und ihre 12-jährige Schwester Lakshmi arbeiten in einem Betrieb für das Zwirnen von Seide in Magadi bei Bangalore. Sie leben mit ihrer 35 Jahre alten Mutter Lakkamma in einem Slum. Diese und ihr Mann Siddaiah waren Steineklopfer in einem Steinbruch, bis Siddaiah vor über zehn Jahren starb und Lakkamma mit den Kindern allein zurückließ. Sie verdiente damals 20 bis 30 Rupien am Tag und konnte damit ihre Familie nicht ernähren (100 Rupien sind rund 2,50 Euro). Sie musste Yellamma, die nie zur Schule gegangen war, als Gegenleistung für einen Kredit über 5000 Rupien zur Arbeit in die Seidenzwirnerei schicken. Yellamma war damals 7 Jahre alt. Im gesamten ersten Arbeitsjahr verdiente sie 50 Rupien. Sie begann mit dem Spulen der Seide und lernte später Dublieren und Wiederaufspulen.

Lakshmi ging bis zum 4. Schuljahr in die Schule. Doch als Yellamma volljährig wurde, nahm ihre Mutter, um dies feiern zu können, erneut einen Kredit von 5000 Rupien auf und ließ Lakshmi im selben Betrieb für das Zwirnen von Seide arbeiten, um den Kredit zurückzuzahlen. Lakkamma selbst arbeitet etwa alle 14 Tage einmal im Steinbruch. Sie leistet außerdem Gelegenheitsarbeiten oder arbeitet als Kuli für 50 Rupien am Tag.

Yellamma und Lakshmi arbeiten von 8 Uhr morgens bis 20.30 Uhr abends. Die Arbeit ist nicht schwer, aber sie müssen die ganze Zeit stehen, da in der Zwirnerei nicht einmal Platz für einen Stuhl ist. Auch sonntags arbeiten sie bis 11 Uhr; danach erhalten sie ihren

Wochenlohn und werden nach Hause geschickt. Die beiden Mädchen können im Durchschnitt zusammen 150 Rupien in der Woche verdienen. Der Betrag hängt davon ab, wie lange der Strom in der Woche ausfällt, denn für diese Zeit werden sie nicht bezahlt. Ihr Stundenlohn beträgt je 2,50 Rupien, während andere in der Zwirnerei 3,50 Rupien erhalten. Die Differenz von 1 Rupie ist der Zinsabschlag für den Kredit. Der Zinssatz für den Kredit beträgt damit unfassbare 168 Prozent im Jahr. Wenn den beiden der staatliche Mindestlohn von je 65 Rupien am Tag für 8 Stunden Arbeit gezahlt worden wäre, hätten sie in einem Jahr zusammen 65 000 Rupien verdient. Damit hätten sie den Kredit mit 15 Prozent Zinsen zurückzahlen können und immer noch 50 000 Rupien auf der Bank gehabt.

Auf die Frage, ob sie bereit sei, ihre Töchter auf eine Schule für frühere Kindersklaven zu schicken und sie nicht länger arbeiten zu lassen, beharrt Lakkamma darauf, dass sie das nur unter zwei Bedingungen tun würde: wenn erstens die Regierung Vorkehrungen für einen anderen Lebensunterhalt für sie trifft und wenn zweitens entweder sie oder die Regierung den Kredit zurückgezahlt haben. »Die Fabrikbesitzer haben mir in der Stunde meiner Not geholfen. Uns wird in Zukunft nicht Gutes widerfahren, wenn wir sie jetzt im Stich lassen, ohne das zurückzuzahlen, was ihnen zusteht. Wir mögen arm sein, aber wir sind für Fair Play«, sagt sie. Die Fabrikbesitzer gäben ihren Mädchen auch jedes Jahr eine Garnitur Kleidung. »Wenn ich die selbst kaufen müsste, würde mich das 1000 Rupien pro Garnitur kosten. Ich muss ihnen für all das dankbar sein. Wir haben dank ihrer überlebt. Ich kann sie nicht betrügen«, erklärt sie.

Es ist schwer, Lakkamma zu überzeugen, dass die Fabrikbesitzer ihr keinen Gefallen damit getan haben, ihre Kinder zu beschäftigen, sondern diese in Wirklichkeit ausgebeutet haben. Auf die Erklärung, dass die Fabrikanten gegen das Gesetz verstoßen, wenn sie Kinder als Abzahlung von Krediten beschäftigen, und dass Lakkamma diese Schulden gemäß dem Gesetz über die Abschaffung der Schuldknechtschaft, dem Bonded Labour System (Abolition) Act (BLSA), nicht zurückzahlen muss, antwortet sie, sie habe von dem Gesetz nie gehört. Auf den Hinweis, dass sie ihre Kredite bereits mehrfach hätte zurückzahlen können, wenn ihre Töchter den staatlich festgelegten Mindestlohn erhalten hätten, und dass in Wirklichkeit die Fabrikbesitzer ihr Geld schuldeten, erwidert sie, sie kenne das Gesetz über den Mindestlohn nicht. Das Gesicht ihrer Tochter Yellamma glüht jedoch vor Staunen, als sie das hört.

Leibeigenschaft und Kapitalismus

»Indien ist ein Land, in dem Sozialformen, die anderswo längst der Vergangenheit angehören, überleben und an neue Funktionen angepasst werden. Die verschiedenen Formen der Unterordnung einer Klasse von Menschen unter eine andere sind hier nicht durch revolutionäre Umwälzungen beseitigt worden. Im Gegenteil, ihre Merkmale haben sich verbunden und manchmal unter den Auswirkungen des Kapitalismus gewandelt und so eine außerordentliche Mischung aus Modernem und Archaischem geschaffen«, schreibt Utsa Patnaik in der Einführung zu ihrem Buch über Schuldknechtschaft und Sklaverei in Indien, *Chains of Servitude* (Ketten der Knechtschaft). Patnaik zufolge wird Feudalismus »im Wesentlichen als Beziehung zwischen einer leibeigenen Bauernschaft, die wirtschaftliche Überschüsse abgeben muss, und einer Klasse von Herren bezeichnet, die Eigentum an Grund und Boden monopolisiert«.[16] In der Geschichte Indiens lässt sich das Agrarsystem der Mogulen-Zeit (1526–1857) als eine spezifisch indische Variante des Feudalismus betrachten. Ein Teil der von den Bauern erarbeiteten Überschüsse wurde von den örtlichen Herren als

16 Utsa Patnaik, *Chains of Servitude: Bondage and Slavery in India.* Orient Longman, Hyderabad 1985.

Pachtzins in Naturalien einbehalten, und das Übrige wurde als Steuereinnahmen an den Feudalstaat weitergeleitet.

Ein anderer Unterschied zwischen dem indischen und dem westeuropäischen Feudalismus bestand darin, dass es eine Klasse von landlosen Arbeitern gab, die in Erbknechtschaft lebten und zu Grundbesitzerfamilien gehörten. Sie durften keinen Grund und Boden besitzen und mussten in der Landwirtschaft arbeiten oder wurden mit Aufgaben beschäftigt, die als besonders niedrig galten. Als Gegenleistung erhielten sie gerade genug zum Überleben. Ihr Status als landlose Leibeigene entsprach einer besonderen Position in der Kastenhierarchie. Diese Arbeiter wurden als Kastenlose bezeichnet, und die bekannten Formen der Diskriminierungen des Kastensystems wurden gegen sie angewandt.

Mit der Eroberung des Landes durch die Briten und der Einverleibung von Britisch-Indien in ein weltweites System der kolonialen Wirtschaft nahm die Kaste der landlosen Arbeiter erheblich zu. Viele der zuvor quasi Leibeigenen wanderten in andere Teile des Reiches, wo neue Bergwerke und Plantagen alternative Arbeitsmöglichkeiten boten. Damit untergruben sie die traditionellen Formen der erblichen Schuldknechtschaft. Doch gleichzeitig führte die Politik des Kolonialstaates – freie Einfuhr von billigen Waren, hohe Steuerbelastungen, rigorose Eintreibung von Steuern in Bargeld, Anwendung der Gesetze über die Beschlagnahmung von Grundeigentum und Inhaftierung von säumigen Schuldnern – einerseits zu einer massenhaften Entwurzelung von Handwerkern. Andererseits verelendeten große Teile der verschuldeten ärmeren Bauernschaft und verloren ihr Land. Weil alternative Arbeitsangebote aufgrund der sehr geringen Industrialisierung in der Kolonialzeit nur ungenügend zunahmen, stieg die Unterbeschäftigung. Gleichzeitig wurden aber zunehmend die traditionellen Formen der Knechtschaft durch die geldbezogene Form ersetzt, die Schuldknechtschaft: Ein mittelloser Arbeiter oder verelendeter Bauer nahm einen Kredit auf und verpfändete dafür seine eigene

Arbeitskraft und die seiner Nachkommen.

Reformen auf Kosten der Armen

Nach der Entlassung Indiens in die Unabhängigkeit wurden umfassende Bodenreformprogramme beschlossen unter dem Slogan »Das Land dem, der es bebaut«. Aber angesichts der Klassenzusammensetzung des Landes war der tatsächliche Inhalt der Gesetze das genaue Gegenteil davon. Erstens bedeutete »Abschaffung der feudalen Besitzverhältnisse« nicht, dass auch das System des Grundherrentums abgeschafft wurde oder auch nur das Monopol auf Grund und Boden in den Händen einiger weniger beendet wurde. Die Feudalherren konnten nämlich große Ländereien behalten, indem sie diese als »persönlich bebautes Land« bezeichneten. Das bedeutete allerdings nicht, dass sie nun selbst Hand anlegten. Vielmehr zwangen sie diejenigen, die ihr Land als Erbpächter bearbeiteten, zur Räumung, nahmen selbst das volle Eigentum an dem Land in Anspruch und gingen zum direkten Anbau mit angeheuerten Arbeitskräften über. Für die ärmeren Bauern hatte die massenhafte Zwangsräumung zur Folge, dass sie zu landlosen Landarbeitern wurden.

Selbst nach der Grünen Revolution der 60er-Jahre und dem inflationären Anstieg der Preise für Agrarerzeugnisse in dieser Zeit waren die Verlierer der Jahre 1963–1975 die Landarbeiter. Deren Reallöhne sanken (bis zu 25 Prozent bei den Männern und 15 Prozent bei den – geringer bezahlten – Frauen), während Grundherren und reiche Bauern ihre Gewinne stark steigern konnten. Die Quote der Gewinne der Grundherren bezogen auf ihre Lohnkosten war mit durchschnittlich 330 Prozent äußerst hoch.

Der Beschäftigungsstand der Arbeiter verschlechterte sich in dieser Zeit ebenfalls. Die jährliche Beschäftigung von Arbeitern in allen Branchen (die zweieinhalb Monate Untätigkeit für Männer und fünf Monate Untätigkeit für Frauen bedeutete) ging in der Zeit zwischen 1963/64 und 1974/1975 weiter zurück. Weil diese Statistik sich auf den Durchschnitt in allen Branchen bezog, war der Rückgang in den rückständigeren Gebieten des Landes vermutlich noch dramatischer. So mussten die Arbeiter, deren ursprüngliches Einkommen bereits kaum das Überleben sicherte, Kredite aufnehmen, wenn ihre Einkommen so stark zurückgingen. Die reale Schuldenlast hatte sich zwischen den Jahren 1963/64 und 1974/75 verdoppelt. Somit ist die Verschuldung praktisch in den Arbeitsvertrag eingebaut; sie entsteht, weil dem Arbeiter absichtlich ein so niedriger Lohn gezahlt wird, dass dieser für sein Überleben nicht ausreicht, sagt Utsa Patnaik. Die Arbeiter sind zur Kreditaufnahme gezwungen.

Schutzrechte bleiben Theorie

Artikel 21 der indischen Verfassung garantiert das Recht auf Leben und Freiheit. Das Oberste Gericht Indiens hat dieses Recht so interpretiert, dass dazu unter anderem auch das Recht auf Freizügigkeit, das Recht auf Freiheit von unmenschlicher und erniedrigender Behandlung, das Recht auf Integrität und Würde des Menschen und das Recht auf Inanspruchnahme der Arbeitnehmerschutzgesetze zählen. Artikel 23 verbietet die Zwangsarbeit. Die Schuldknechtschaft verstößt gegen fast alle dieser verfassungsmäßigen Rechte.

Selbst nach der Annahme der Verfassung im Jahre 1950 hielt das System der Schuldknechtschaft noch recht lange uneingeschränkt an. Zwar gab es vereinzelte symbolische Versuche mehrerer Bundesstaaten, das Problem in Angriff zu nehmen, doch diese Maßnahmen erwiesen sich als Fehlschlag, da ihre Umsetzung der Bürokratie überlassen wurde, die keine Sympathien für die in Schuldknechtschaft lebenden Arbeiter hatte. Auch die eigentlichen Ursachen der Schuldknechtschaft wurden nicht angepackt.

Erst 25 Jahre später kam das Thema Schuldknechtschaft erneut auf die politische Tagesordnung, als es in das 20-Punkte-Wirtschaftsprogramm der damaligen Ministerpräsidentin Indira Gandhi aufgenommen wurde. 1976 wurde schließlich ein »Gesetz über die [Abschaffung der] Schuldknechtschaft« (BLSA), verabschiedet, um Artikel 23 der Verfassung in die Praxis umzusetzen. Im Wesentlichen setzt das Gesetz alle in Schuldknechtschaft lebenden Arbeiter frei, streicht ihre noch verbleibenden Schulden, verbietet den Abschluss neuer Vereinbarungen über Schuldknechtschaft und ordnet die wirtschaftliche Entschädigung der freigesetzten Arbeiter durch den Staat an. Das Gesetz sieht Strafen für die Beibehaltung der Schuldknechtschaft und die Einrichtung von Überwachungsausschüssen auf Distrikt- und Kreisebene zur wirksamen Kontrolle und Durchführung des Gesetzes vor. Bundesstaaten wurden aufgefordert, Untersuchungen vorzunehmen und alle in Schuldknechtschaft lebenden Arbeiter ausfindig zu machen und zu befreien.

Nach den ersten entsprechenden Bemühungen gab es nach 1980 jedoch in den meisten Bundesstaaten kaum noch neue Versuche, in Schuldknechtschaft lebende Arbeiter ausfindig zu machen. So behaupten viele Distriktverwaltungschefs, dass es in ihren Distrikten keine in Schuldknechtschaft lebenden Arbeiter mehr gebe oder dass das Gesetz eine zeitlich begrenzte einmalige Angelegenheit oder gegenstandslos geworden sei.

Immer wieder musste das Oberste Gericht der Zentralregierung und den Regierungen der Bundesstaaten Anweisungen zu neuen Untersuchungen geben. Die Bundesstaaten fühlten sich jedoch nicht angesprochen oder reagierten mit der Feststellung, in ihrem Staat würden nur noch vereinzelte Fälle von Schuldknechtschaft beobachtet. Das liegt weit gehend daran, dass der Begriff Schuldknechtschaft eng ausgelegt wird. Viele Distriktverwaltungschefs glauben immer noch, dass nur mit Ketten gefesselte Personen oder solche, die über Generationen hinweg Schulden abzahlen, als in Schuldknechtschaft lebende Arbeiter zu betrachten seien. Für das Berichtsjahr bis Ende März 1993 etwa hatten die Regierungen der Bundesstaaten berichtet, dass sie insgesamt nur 251 424 solcher Arbeiter ausfindig gemacht und befreit hätten, von denen 227 404 entschädigt worden seien.

Die Definition von Zwangsarbeit oder Schuldknechtschaft wurde mit einem Richterspruch des Obersten Gerichts erheblich ausgeweitet in einem Rechtsstreit, der juristisch als der Präzedenzfall »Asiad-Arbeiter« bekannt wurde. Laut dem Gerichtsurteil ist allein die Zahlung von geringeren Löhnen als dem gesetzlichen Mindestsatz ein eindeutiger Verstoß gegen Artikel 23 der Verfassung, selbst wenn es keine Beweise für die Vergabe eines Kredits oder eines Vorschusses oder für eine Schuldknechtschaft gibt. Das hat den betroffenen Arbeitern große Hoffnungen gemacht, hat sich aber als bloße Theorie erwiesen, da die meisten zuständigen Beamten, die die Durchführung des Gesetzes zu beaufsichtigen haben, dieses Urteil gar nicht kennen. Wenn sie darauf aufmerksam gemacht werden, tun sie es mit den Worten ab, dass das Gesetz »unpraktikabel und nicht durchführbar« sei. Sie meinen, die Arbeiter sollten sich glücklich schätzen, dass sie in diesen schwierigen Zeiten überhaupt eine Arbeit haben.

Nicht nur die gesetzlichen Definitionen von Schuldknechtschaft werden missachtet, sondern auch fast alle anderen Bestimmungen. Zum Beispiel die über die Einrichtung von Überwachungsausschüssen. Von den 7000 Strafverfahren, die im Rahmen des BLSA-Gesetzes eingeleitet wurden, führten nur 700 zu einer Verurteilung. Ferner ist bei der Auszahlung der Entschädigungen Korruption im Spiel; häufig werden Personen entschädigt, die sich niemals in Schuldknechtschaft befunden haben.

Ein weiterer juristischer Meilenstein war der Präzedenzfall, den Swami Agnivesh von Bandhua Mukti Morcha (Front zur Befreiung von Schuldknechtschaft) eingebracht hatte. Diese Organisation hatte eine Untersuchung über die Arbeits- und Lebensbedingungen von Arbeitern in den Steinbrüchen im Distrikt Faridabad im Bundesstaat Haryana durchgeführt. Fast keiner dieser Arbeiter hatte Zugang zu Trinkwasser. 5 oder 6 Personen lebten in winzigen Stroh-

Arbeiten für den Kredit: Zum Beispiel in Steinbrüchen werden Kinder gezwungen, die Schulden ihrer Familie abzuarbeiten. Foto: Jörg Böthling

hütten, zitterten im Winter vor Kälte und hatten häufig nicht einmal eine Bodenmatte. Viele litten unter Tuberkulose, andere unter blutigem Durchfall, und viele wiesen infolge der gefährlichen Arbeitsbedingungen ernste Verletzungen auf.

Das Oberste Gericht gab im Jahr 1984 im Urteil zu diesem Fall 21 genaue Anweisungen für die wirksame Umsetzung der Sozial- und Arbeitsgesetze in Steinbrüchen. Doch obwohl das Urteil für die Steinbruchunternehmer wie ein Schock wirkte und von Steinbrucharbeitern als Sieg begrüßt wurde, war ihr Triumph nur kurzlebig. Behördenvertreter und Unternehmer missachteten die Anweisungen des Gerichts.

Ein dritter Meilenstein war die Klage von Neeraja Chaudhary gegen den Staat Madhya Pradesh. Diese Journalistin hatte das Schicksal von Arbeitern aus den Steinbrüchen von Faridabad untersucht, die aus der Schuldknechtschaft freigesetzt worden waren. Das Ergebnis: Die meisten von ihnen waren überhaupt nicht entschädigt worden, wie es das Gesetz vorschrieb, sodass mehrere von ihnen wieder in die Schuldknechtschaft zurückgefallen waren. Das Oberste Gericht bekräftigte 1984 die Verpflichtung zur Entschädigung der zuvor in Schuldknechtschaft lebenden Arbeiter und rief soziale Bürgerinitiativen zur Hilfe auf, solche ausfindig zu machen.

Konservierung der Unfreiheit

Trotz all dieser bahnbrechenden Urteile, trotz der großen Bedeutung, die Indien der Raum- und Kernforschung und der Informationstechnologie beimisst, trotz des Traumes, durch die Beteiligung am Globalisierungsprozess den westlichen Lebensstandard zu erreichen, leben nach Schätzungen immer noch 7 Prozent der Bevölkerung in Schuldknechtschaft und in sklavenähnlichen Verhältnissen. Die erinnern eher an das Mittelalter als an Fortschritt.

Die Menschenrechtsorganisation Human Rights Watch (HRW) hat 1996 schwere Vorwürfe gegen die indische Regierung erhoben.

In einem Bericht über die Schuldknechtschaft von Kindern in Indien mit dem Titel »Die kleinen Hände der Sklaverei« führt sie als Beispiel ein gescheitertes Programm zur Freilassung und Entschädigung von in Schuldknechtschaft lebenden Kindern in der Bidi-Industrie an (Bidis sind handgerollte Zigaretten). Im Distrikt Nord-Arcot des Bundesstaates Tamil Nadu in Südindien, so der Bericht, hatte der Distriktverwaltungschef 1995 ein Child Labour Abolition Support Scheme (CLASS) eingeleitet, in dessen Rahmen angeblich 1455 Kinder aus der Schuldknechtschaft befreit worden sind. Doch HRW stellte fest, dass 30 Prozent aller angeblich befreiten Kinder immer noch in Schuldknechtschaft lebten. Statt die Schulden zu streichen, wie es das BLSA-Gesetz vorschreibt, hatte der Verwaltungschef den Arbeitgebern angeboten, ihnen die Hälfte des ursprünglichen Kredits zurückzuzahlen, wenn sie dafür die in Schuldknechtschaft lebenden Arbeiter befreiten.

So kam es, dass etwa Mani, ein 13-jähriger Junge, der seit dem Alter von 6 Jahren in Schuldknechtschaft lebte, zwar im Rahmen von CLASS vermeintlich freigelassen wurde. Dann wurde ihm jedoch vom Agenten des Unternehmers gesagt, dass er diesem noch 1000 Rupien schulde, die er abarbeiten oder zurückzahlen müsse. Mani arbeitete deshalb 3 Stunden vor und 3 Stunden nach der Schule, um 1000 Bidis am Tag für einen Lohn von 5 Rupien zu rollen.

Dass solche Befreiungsprogramme weit gehend fehlschlagen, liegt laut HRW erstens daran, dass die Schuldknechtschaft traditionell in allen Gesellschaftsschichten akzeptiert wird. Ein zweiter Grund sei, dass die Verwaltungschefs selbst an dem System teilhaben und Arbeitgeber, die Kinder trotz eines gesetzlichen Auftrags nicht direkt freilassen, nur zögernd anzeigen. Gegenüber den Herren der in Schuldknechtschaft lebenden Arbeiter nähmen sie eine konziliante Haltung ein. Das gehe so weit, dass sie die Schuldknechtschaft als gültig und rechtmäßig behandelten. HRW hat festgestellt, dass die in Schuldknechtschaft lebenden Arbeiter meistens arm und ungebildet sind und den niedrigeren Kasten angehören, während ihre Herren, die Behördenvertreter und häufig auch die Mitglieder von Überwachungsausschüssen reich und gebildet sind, den höheren Kasten angehören und Beziehungen untereinander pflegen. Daher sei es nicht überraschend, dass die Arbeitgeber für Einschüchterung und Schikanierung ihrer in Schuldknechtschaft lebenden Arbeiter und für Drohungen und Gewalt gegen diese nicht bestraft werden und die Polizei und Behördenvertreter sogar offen für sie Partei ergriffen, wenn die Opfer versuchten, sich zu organisieren.

Unsichtbare Ketten sprengen

Bei der Beseitigung der Schuldknechtschaft kommt es wesentlich darauf an, auch die unsichtbaren Ketten einzubeziehen: Wer weder Grundbesitz noch Produktivvermögen besitzt, keinen Mindestlohn erhält, weder eine sichere Beschäftigung noch ein Minimum an sozialer Sicherheit hat, gerät leicht in chronische Verschuldung und quasi in Schuldknechtschaft. Das kann ebenso entwürdigend sein wie sichtbare Ketten. Wer keine Vermögenswerte hat, der hat keinen Zugang zu formellen Krediten, wird abhängig von Mittelsmännern und Geldverleihern, die so hohe Zinsen verlangen, dass die Menschen über Generationen verschuldet bleiben.

Bei Anwendung der von der Verfassung festgelegten wirtschaftlichen Rechte müsste die große Mehrheit der Arbeiter in Indien und nicht nur 7 Prozent als in Schuldknechtschaft lebend gelten, denn die meisten erhalten nie den vorgeschriebenen Mindestlohn. Wenn alle Arbeitgeber, die Vorschüsse und Kredite zu nicht genannten Zinssätzen geben und Kinder zu weniger als dem Mindestlohn auf unbestimmte Zeit beschäftigen, als Herren von in Schuldknechtschaft lebenden Arbeitern betrachtet würden, dann müssten die meisten Arbeitgeber im Gefängnis sitzen und nicht nur die wenigen wegen Schuldknechtschaft inhaftierten.

Die von der Regierung festgelegten Mindestlöhne folgen auch

nicht den Kriterien des Obersten Gerichts, denen zufolge die Mindestlöhne so hoch sein sollten, dass eine Arbeiterfamilie mit zwei Kindern ihren Grundbedarf an Nahrung, Kleidung, Wohnung, medizinischer Versorgung, Ausbildung der Kinder und Freizeitgestaltung decken kann. Ausbildung, Beschäftigung und Befähigung sind gewiss die besten Mittel gegen Ausbeutung, aber eine Ausbildung, die zur Befähigung und Beschäftigung führen könnte, ist weder kostenlos noch im ganzen Land obligatorisch.

Das lässt die Frage aufkommen: Versucht das Gesetz über die Abschaffung der Zwangsarbeit von 1976 die Schuldknechtschaft zu beseitigen, ohne die grundlegenden Ursachen anzupacken, die das System der Schuldknechtschaft verewigen? Wenn ein ungerechtes kapitalistisches Wachstum angestrebt wird, schreibt Utsa Patnaik, dann ist »die sporadische und rituelle Freisetzung von in Schuldknechtschaft lebenden Arbeitern völlig wirkungslos gegenüber der unerbittlichen wirtschaftlichen Logik«.

Die Geschichte von Venkatesh

Der 12-jährige Venkatesh aus Anekal Talu im Bundesstaat Karnataka wurde im Alter von 5 Jahren an eine reiche Grundbesitzerfamilie im Dorf Somalapura für einen Kredit von 7000 Rupien (etwa 175 Euro) in Schuldknechtschaft gegeben. Der Kredit war für die Hochzeit seiner Schwester aufgenommen worden. Sein Vater war ein landloser Arbeiter, der 20 Rupien am Tag verdiente. Seine Mutter Anjanamma arbeitete in verschiedenen Häusern, wo sie Ragi, eine Hirseart, siebte. Dafür wurde sie stets in Naturalien bezahlt: drei Muddes (gekochte Knödel aus Ragi-Mehl) und eine Handvoll Linsen für einen Tag Arbeit.

Venkateshs Eltern starben, als er sich noch in der Schuldknechtschaft befand. Die Kinder nahmen neue Kredite auf, um die Beerdigungskosten ihrer Eltern zu bezahlen.

Dem Grundbesitzer wurden für diesen Kredit Erdnüsse zugesagt, die auf den 1,5 Morgen Land des Großvaters angebaut wurden – Venkateshs Großvater besaß 20 Morgen. Bald war alles Land der Familie an Grundbesitzer als Rückzahlung für Kredite verpfändet.

Venkatesh hat niemals Geld für seine Arbeit erhalten, sondern sein Lohn wurde gegen den Kredit aufgerechnet. Er stand um 4.30 Uhr auf und reinigte als Erstes den Büffelstall. Dann schnitt er Gras, mit dem er die acht Büffel auf der Farm fütterte. Als nächstes bewässerte er die Felder, auf denen Gemüse und Erdnüsse angebaut wurden. Um 8 Uhr molk er drei Büffel, fütterte die Kälber und brachte die Milch zur Molkerei. Um 9 Uhr nahm er sein Frühstück ein, das aus Mudde und Curry bestand. Um 18 Uhr kam er zurück, molk erneut die Büffel und brachte die Milch zur Molkerei. Um 22 Uhr aß er Abendbrot, wieder Mudde mit Curry. Er schlief auf der Veranda, da er einer niedrigen Kaste angehörte und das Haus des Herrn nicht betreten durfte. Dass er auch nach über 6 Jahren den Kredit von 7000 Rupien noch nicht abgearbeitet hatte, lässt erkennen, wie stark er ausgebeutet wurde. Wenn ihm nur der normale Zinssatz von 15 Prozent berechnet worden wäre, hätte er seine Schulden fast sechsmal zurückgezahlt.
Quelle: Der Überblick *[Zeitschrift für ökumenische Begegnung und internationale Zusammenarbeit], Nr. 1, 2002.*

ZWISCHEN GIER UND GLEICHGÜLTIGKEIT
Kambodschas verkaufte Kinder

VON CLAUDIA BERKER

Seit sie zu reden begonnen hat, blickt Serei auf ihre Hände. Diese Hände misshandeln sich gegenseitig. Während das kambodschanische Mädchen erzählt, ist es, als ob sie die Stationen des Erzählten wieder durchlebte in den sich knetenden, windenden Fingern, den Nägeln, die sich untereinander schieben und unangenehm knackende Geräusche produzieren.

Nie liegen diese Hände ruhig im Schoß, während die Stimme ganz ohne solche Energie auskommen muss. Was Serei fast unhörbar erzählt, ist ihre persönliche Geschichte und ist doch gleichzeitig die Geschichte Tausender anderer verkaufter Mädchen aus Kambodscha.

Serei stammt aus einem Dorf nahe Poipet. Poipet, an der Grenze zu Thailand, das ist je nach Jahreszeit Staub oder Schlamm, das sind provisorische Behausungen neben stattlichen Bauten, das ist Wilder Westen auf Kambodschanisch: Waren wie Menschen werden dort gehandelt; Kasinos und Bordelle machen den Ort für Thais zum attraktiven Ausflugsziel nach Anbruch der Dunkelheit. Serei gehörte zu den vielen Kindern, die für ein paar Riel Lasten von einer Seite der Grenze zur anderen tragen. Bis zu dem Tag, als es einmal keine Arbeit für sie gab und eine Nachbarin in die Hütte der Familie kam. Ihr Angebot: heraus aus dem armen Dorf, Nudeln an gut zahlende Kunden verkaufen statt für den Wert einer Mahlzeit tagtäglich Waren schleppen. Das nächste Kapitel dieser

Geschichte aus Puzzleteilen spielt irgendwo in Thailand: ein großer Markt, neue Kleider, ein Hotel, ein Mann, der Fragen stellt, die ihr peinlich sind, der Serei vergewaltigt. Dann ein anderes Haus, Drohungen, Schläge, andere Mädchen und vor allem viele Männer, die wählen dürfen unter ihnen. Schließlich die Flucht mit Hilfe einer Passantin. Wieder in Kambodscha, bringt ein Polizist die 16-Jährige zum Cambodian Women's Crisis Center (CWCC), einer Hilfsorganisation für Frauen und Kinder in Gewaltsituationen.

Erfolg unter Lebensgefahr

Inzwischen gibt es drei Zentren von CWCC im Land. Gehandelte Mädchen erhalten dort neben mitfühlender Versorgung auch die Möglichkeit, Lesen und Schreiben oder ein einfaches Handwerk zu erlernen. Nur so hat ihr Leben außerhalb der schützenden Mauern des Frauenzentrums eine Perspektive. Die Mitarbeiterinnen ermutigen die Mädchen aber auch, mit juristischer Unterstützung gegen ihre Ausbeuter vorzugehen. »In drei von zehn Fällen kommen die Täter vor Gericht oder erhalten die Mädchen eine Entschädigung«, erklärt Chanthol Oung, Mitgründerin von CWCC. »Das ist ein großer Erfolg, denn vor 1997 gab es überhaupt keine Strafverfolgung.« Für ihre Arbeit hat die kompromisslose Juristin 2001 den Magsaysay Award, einen renommierten südostasiatischen Menschenrechtspreis, erhalten – eine Bestätigung auch für den Weg einer Frau, deren Biografie das Terrorregime von Pol Pot und die lange Bürgerkriegszeit mitgeschrieben haben: Vertreibung, Flüchtlingslager, Hunger und Gewalt, von diesen Lasten der kambodschanischen Geschichte ist Chanthol Oung ebenso wenig wie ihre Kolleginnen verschont geblieben. Es scheinen gerade diese Erfahrungen zu sein, aus denen sich ein Großteil ihrer Energie speist: Handeln, statt zu resignieren, zeigen, dass die fortdauernde Brutalität gegen Frauen nicht hingenommen werden muss – dies ist die Konsequenz der Mitarbeiterinnen von CWCC aus ihren persönlichen Gewalterfahrungen.

Umschlagplatz Poipet: In der Grenzstadt gehören auch Kinder zum Warenangebot.
Foto: Claudia Berker

Trotz einiger Erfolge in der Bekämpfung des Kinderhandels sind die Risiken für Käufer und Verkäufer jedoch noch immer gering: Kambodschas Gesetz zum Kinderschutz ist lückenhaft, die Polizei mangelhaft ausgebildet. Korruption, leere Kassen und ein Klima, in dem das eigene Überleben zum höchsten aller Werte geworden ist, sind ebenfalls Erblasten des langen Bürgerkrieges und sorgen für mache Steine auf dem Weg.

Durch ihre engagierte Arbeit, die inzwischen auch von der Regierung unterstützt wird, begibt sich das Team von CWCC oft genug sogar in Lebensgefahr: »Die Bordellbesitzer sind einflussreich und gewalttätig. Wir wurden sogar schon mit Waffen bedroht«, berichtet Chanthol Oung. Diese Erlebnisse machen vorsichtig, aber nicht tatenlos. Denn es gibt zu viele, die Hilfe brauchen. Und so blickt sie in allem Deprimierenden immer wieder auf das, was ihr Mut macht: »Mädchen können aus Gewaltsituationen befreit werden. Und wir erhalten immer mehr Unterstützung für unsere Arbeit. Das sind für uns wichtige Erfolge.«

Im Idealfall werden die Mädchen nach einigen Monaten in ihre Dörfer zurückgebracht, Mitarbeiterinnen von CWCC begleiten vor Ort den Neubeginn. Dies setzt jedoch voraus: Es gibt eine Familie, die ihr Kind wieder aufnimmt, und ein Dorf, in dem die erzwungene Rotlicht-Vergangenheit der Mädchen geheim bleibt oder toleriert wird. Dass ein Großteil von ihnen krank ist an Körper und Seele, macht die Rückführung erst recht nicht selbstverständlich.

Kinder mit Marktwert

Zwar sind es in einer männlich dominierten Gesellschaft die Mädchen, die den skrupellosen Praktiken der Kinderverkäufer besonders ausgeliefert sind. Doch auch Jungen lassen sich in Südostasien zu Geld machen: In den Touristenorten Thailands, aber auch anderer Länder, diktieren die sexuellen Ansprüche der Besucher den Bedarf. Gewinn garantiert auch der Einsatz von Jungen und

Tag und Nacht unterwegs im Auftrag der Ausbeuter: Als Rosenverkäufer und Bettler versuchen Kinder mühsam, den von ihnen erwarteten Verdienst zu erarbeiten.
Foto: terre des hommes

Mädchen als Blumenverkäufer oder Bettler. Da bekommt plötzlich ein behindertes Kind einen besonderen Marktwert: Denn wer mehr Mitleid erregt, hat höhere Einnahmen.

Viele Eltern, die ihr Kind zu diesem Zweck »vermieten«, tun dies in dem Glauben, es würde davon profitieren – und sei es nur durch eine regelmäßige Mahlzeit. Andere glauben den Versprechungen von einer Schulausbildung, von schnell und leicht verdientem Geld – von einem Weg aus dem sonst nie endenden Elend eben.

Nicht wenige Menschen in Kambodscha denken in noch ganz anderen Maßstäben: »Was möchtest du kaufen, ein Huhn, Stoff oder vielleicht ein Kind? Egal, alles ist möglich«, so beschreibt Benito DuChateau, Gründer der Kinderhilfsorganisation Krousar Thmey (Neue Familie) die destruktive Mischung aus Gier und Gleichgültigkeit, die wie ein Geschwür eine ganze Gesellschaft durchsetzt.

Krousar Thmey, seit vielen Jahren Partner von terre des hommes in Kambodscha, bietet Kindern von der Straße, aber auch denen, die als Opfer von Menschenhändlern aus Thailand nach Kambodscha zurückgebracht wurden, eine schützende Anlaufstelle. Hier bedeuten Schulbildung und ein geregelter Tagesablauf immer auch Vorbeugung: »Jedes Kind, das in einem Zentrum von Krousar Thmey stabilisiert wurde, kann zum Aufbau seines Landes beitragen und ist weniger anfällig für Verheißungen vom sorglosen Leben in Thailand«, berichten die Mitarbeiter.

Schutz in Dörfern

Aber auch in den Dörfern, aus denen die meisten Opfer stammen, müssen die Leute lernen. »Wir wollen die Gemeinden informieren und trainieren, sodass sie selbst ihre Kinder vor skrupellosen Händlern schützen«, betont Amihan Abueva, Koordinatorin der terre-des-hommes-Kampagne gegen Kinderhandel in Südostasien. Eines der Ziele ist daher, mindestens 10 000 Orte der Region für das Programm »Unser Dorf schützt seine Kinder« zu gewinnen.

Wie entscheidend in der Tat die Arbeit in der unmittelbaren Lebenswirklichkeit der Kinder ist, zeigt ein weiterer Baustein der Arbeit von Krousar Thmey in Kambodscha: Mit Hilfe des fast verloren gegangenen traditionellen Schattentheaters verpacken Jugendliche Botschaften von Solidarität und Menschlichkeit in Szenen, die manchmal Tausende auf einen Dorfplatz locken. Seit einiger Zeit ist auf der Bühne die Geschichte von zwei Geschwistern zu sehen, die von der verzweifelten Mutter in die Hände einer Kinderhändlerin gegeben werden. Die Gesichter der Zuschauer im Halbdunkel verraten starke Emotionen. Vielen scheinen die dramatischen Szenen nicht fremd zu sein. Doch das Happy End – die Befreiung der Kinder und die Verhaftung der Händler – hat bislang noch kaum jemand erlebt.

HÄUSER DER VERLORENEN TRÄUME
Auf den Spuren von Kinderprostitution in Thailand

Von Hans-Martin Grosse-Oetringhaus

»Senatssprecher Chalerm hatte Sex mit vier minderjährigen Schulmädchen in einem Motel in Pathum Thani.« So lauten die Meldungen thailändischer Zeitungen am 22. Januar 2001. Dabei interessiert sich die Presse vor allem für den Politiker. Die Kinder spielen in der Berichterstattung kaum eine Rolle. Die Gründe, aus denen heraus Kinder in solche Situationen geraten, erst recht nicht. Doch um die Opfer und ihre Geschichte geht es. Und darum, zu verstehen, wieso eine solche Meldung kein Einzelfall ist.

Die Menschen im Norden Thailands, meist Angehörige ethnischer Minderheiten, denen grundlegende Bürgerrechte vorenthalten werden, leben in einem Karussell der Armut, dessen Beschleunigung von Tag zu Tag zunimmt. Sie sind nicht in der Lage, Rechtstitel über ihr Land zu erhalten. Nicht selten werden sie von ihrem eigenen Grund und Boden vertrieben. Und dieses Land verliert zunehmend an Fruchtbarkeit, je mehr fruchtbaren Boden der Regen fortschwemmt. Und das tut er, denn die Rodung der Wälder ist weit fortgeschritten. Wenn die Felder nicht mehr viel hergeben, bleibt als einzige Geldquelle oft nur der illegale Holzeinschlag, mit jenen ökologischen Folgen, die die Felder noch unfruchtbarer und die Armut noch größer machen.

Die aussichtslose Lage der Landbevölkerung zieht Geschäftemacher aus den Städten an. Sie kaufen den Familien das Letzte ab, was sie haben: ihre Kinder. So wurde Nordthailand zum wichtigsten Rekrutierungsgebiet der Kinderprostitution im Land. Ein Geheimnis ist das in den Dörfern längst nicht mehr. Jeder weiß, wo die Kinder landen und was sie tun.

Prostitution ist in Thailand eine relativ neue Erscheinung. Als das Land zum US-Stützpunkt im Vietnamkrieg wurde, stieg die Prostitution rasant an. Bars mit Go-go-Tänzerinnen, Massagesalons und Bordelle schossen wie Pilze aus dem Boden. Nach dem Ende des Vietnamkrieges und dem Abzug der US-Truppen aus Thailand nahm zunächst das Sexgeschäft etwas ab. Aber schon bald übernahmen Touristen die »sexuelle Infrastruktur«, die die Amerikaner hinterlassen hatten. Bangkok, Pattaya und Phuket bekamen den Ruf, die größten Bordelle Asiens zu sein. Unter den westlichen Touristen stellten die Deutschen mit mehr als 25 000 Besuchern pro Jahr die Mehrheit. Prostitution ist nach wie vor ein gutes Geschäft. Trotz Aids. Hier im Norden des Landes liegt der Anteil HIV-positiver Prostituierter bei 80 Prozent.

Im Laufe der Zeit nahm auch die Kinderprostitution immer massivere Formen an. Und es geschah etwas, das zuvor undenkbar gewesen wäre: Verarmten Familien auf dem Land im Norden Thailands erschien der Verkauf ihrer Töchter an Werber, die in die Dörfer kamen, oft als einzige Möglichkeit zu überleben. Die Kinderhändler kaufen oder verschleppen die Mädchen in die Bordelle der Städte. Vor allem junge Mädchen sind gefragt bei den Werbern, weil der Markt sie haben will. Und der ist riesig und unersättlich. Denn die irrige Annahme, dass Sex mit immer jüngeren Mädchen vor Aids schütze, ist weit verbreitet. Die Zahl der sexuell ausgebeuteten Kinder wird in Südostasien auf mehrere hunderttausend geschätzt.

Recherchen im Massagesalon

Im armen Norden Thailands sind die Vermittler besonders aktiv. Auch in Huay yo Mai berichtet man von ihnen. 5000 Bath, also etwa 125 Euro, zahlen sie den Eltern für ein Mädchen. Aber das »Inlandsangebot« reicht immer noch nicht aus. Darum kommt auch illegale »Importware« aus Burma, Laos, Kambodscha und Südchina.

Mae Sai, Thailands nördlichster Punkt an der Grenze zu Burma, ist ein wichtiges Tor des Kinder-, Frauen- und Drogenhandels. Beidseitig der Grenzstation befinden sich zahlreiche Bars, Bordelle und Massagesalons. Aber auch Frisiersalons sind bekannt dafür, versteckt Prostitution zu betreiben. Hier kann man Mappen mit Mädchenfotos einsehen, die offiziell mögliche Frisuren vorstellen, inoffiziell aber die »Mädchenware« zeigen, die hier gemietet werden kann. Nicht anders verhält es sich in den Massagesalons.

Auf der burmesischen Seite des Grenzpostens bedarf es nur einiger weniger Fragen auf der Straße und schon weisen Einheimische den Weg zu einem Massagesalon. Und die Preise werden gleich mit auf den Weg gegeben: Eine Stunde kostet 100 Bath, mit Sex das Doppelte. Der Preis für eine Nacht beträgt 1000 Bath (ca. 25 Euro). Auf der burmesischen Seite der Grenze liegen die Preise niedriger als auf der Thai-Seite.

Das pagodenähnliche Gebäude ist nicht zu verfehlen. Der »Joy-Massagesalon« stellt das, was er zu bieten hat, auf Fotos, ordentlich in einem Ringordner zusammengeheftet, vor. Vielen der Mädchen ist anzusehen, dass sie noch keine 18 Jahre alt sind. Ob es nicht noch etwas Jüngeres im Angebot gebe, sie kenne doch die Wünsche der Europäer. Die Frau blättert im Ordner, schlägt neue Seiten auf. Mit Zusage eines späteren Besuchs, sollten die Zimmer sauber sein, ist es sogar möglich, die Innenräume in Augenschein zu nehmen. Die Chefin führt die Besucher in die düsteren, fensterlosen Kabinen aus dunklen Resopalwänden. Einzige Ausstattung: Matratzen auf dem Boden.

Im Foyer sitzen die realen Mädchen und warten auf Kunden. In einem unbemerkten Augenblick gelingt es, sie zu fotografieren.

Solche minderjährigen Prostituierten müssen nicht selten zwischen 6 und 13 Stunden am Tag arbeiten und bedienen in dieser Zeit bis zu 17 Freier. Das Geschäft macht allein der Bordellbesitzer.

Mädchen in der Go-go-Bar

In der Lobo-Bar in Chiang Rai Fotos zu machen ist nicht möglich. Der deutsche Besitzer der Go-go-Bar passt argwöhnisch auf, dass nichts geschieht, was Unannehmlichkeiten bescheren kann. Und die europäische Presse fürchtet er besonders. Eines der Mädchen an den Tisch zu holen, beunruhigt ihn weniger. Schließlich könnte dies den Umsatz steigern. Dass Kwan, die der ethnischen Minderheit der Akha angehört, den Besuchern von ihrem Leben und von ihrer Arbeit erzählt, kann er nicht mitbekommen. Während die anderen Mädchen sich eine nach der anderen ausziehen, sich im Takt der Musik, die aus den Boxen kommt, an den Stangen räkeln, eine weitere ihren Körper mit Wachs beträufelt, erzählt Kwan ihre Geschichte, die sich so wenig von denen anderer Prostituierter unterscheidet: Kwans Mutter stirbt. Ihr Vater heiratet erneut. Die Schwiegermutter bringt eine eigene Tochter mit. Kwan mag beide nicht und hat ständig Ärger mit der Stiefmutter. Und dann haut sie irgendwann einfach ab. Und jetzt sei sie eben hier. Rasch kommt sie aufs Geschäftliche. Sie erklärt, dass sie die Bar mit Kunden verlassen dürfe. 1000 Bath erhalten die Mädchen von ihren Freiern. Davon müssen sie aber die Hälfte an den Barbesitzer abgeben. Arbeitszeit ist von 7 Uhr am Abend bis morgens um 3 Uhr. Und was danach läuft, ist Privatsache. Kwan arbeitet als Animiermädchen. Wenn sie 70 Getränke an Kunden vermittelt hat, erhält sie 2000 Bath (50 Euro). Wenn sie Glück hat, schafft sie das in zwei Wochen. Und ihre Träume? Mit der Weiterbildung fortzufahren. Grad 9 hat sie bereits. Aber sie will weitermachen, noch dieses Jahr. Und später irgendwann ein eigenes Geschäft eröffnen, irgendwo auf dem Markt. Auf keinen Fall will sie ewig in diesem Gewerbe arbeiten. Aber ob ihr Traum einmal Wirklichkeit wird?

Viele der 20 Mädchen in der Go-go-Bar gehören ethnischen

Die Chefin eines »Massagesalons« präsentiert ihr Mädchenangebot im Ringordner. Viele sind offensichtlich unter 18 Jahren alt.
Foto: Hans-Martin Große-Oetringhaus

Minderheiten an, meist dem Volk der Akha. Offiziell sollen alle über 18 Jahre alt sein. Einige scheinen bereits über einige Erfahrungen zu verfügen und ziehen die Show lässig ab. Anderen ist anzusehen, dass sie sich nicht wohl in ihrer Haut fühlen. Aber Gründe, warum sie hier arbeiten, haben sie alle.

Hügel der Hoffnung – das Lied von Monsaengdao

»Hügel der Hoffnung.
Das ist Monsaengdao.
Dort, wo wir unsere goldenen Träume teilen,
voller Hoffnung, voller Kraft.«

Eine Gruppe von 30 Mädchen singt dieses fröhliche Lied. In der Tat lässt es die Hoffnung und die Kraft der Mädchen spüren. Denn das Lied ist *ihr* Lied, das Lied ihrer Schule, ihres neuen Zuhauses für 4 Jahre. Und dieses Zuhause hat einen Namen: Monsaengdao, Hügel der Hoffnung.

Sie kommen alle aus den verschiedensten Dörfern ganz oben aus dem Norden Thailands nahe der burmesischen Grenze. So unterschiedlich ihre Dörfer, so unterschiedlich die Volksgruppen, zu denen sie gehören – eines haben sie alle gemeinsam: Sie stammen aus sehr armen Familien. Vielen der Mädchen wäre eine Zukunft als Prostituierte vermutlich nicht erspart geblieben. Wäre da nicht Monsaengdao.

Diese Internatsschule im Norden des Landes wird vom Kinderhilfswerk terre des hommes unterstützt. Sie liegt etwa 30 Kilometer nördlich der Stadt Chiang Rai, gibt Mädchen aus besonders armen Familien die Chance, einen Schulabschluss zu machen, der etwa der deutschen Mittleren Reife vergleichbar ist. Ihre Eltern sind meist Angehörige ethnischer Minderheiten, denen in der Regel keine Staatsbürgerschaft gewährt wird und die somit entsprechend rechtlos sind. Das, was sie auf ihren Feldern ernten, reicht schon längst nicht mehr zum Leben aus. Sie zahlen den Preis für den Raubbau an der Natur, weil Staudämme gebaut wurden, weil die

Regenwälder geplündert wurden, weil dadurch der Boden erodierte, der Grundwasserspiegel sank und die Verkarstung ihrer Felder immer schneller voranschritt. Diese Felder ermöglichen heute kaum noch das Überleben der Familien; ein Einkommen, das es erlauben würde, den Töchtern eine weiterführende Bildung zukommen zu lassen, geben sie schon gar nicht mehr her. Solche Familien sind den Angeboten und Versprechungen der Mädchenhändler oft hilflos ausgeliefert. Wichtig ist darum, Kindern einen Schulabschluss zu ermöglichen, ihnen zu helfen, selbstbewusst zu werden, um den Versprechungen der Anwerber widerstehen und der Prostitution entgehen können. In Monsaengdao erhalten immer wieder 30 Mädchen diese Chance.

Auf dem Lehrplan stehen Sprachunterricht in Thai und Englisch, ökologischer Landbau und das Nutzen traditioneller Heilpflanzen, Umweltschutz und Menschenrechte, aber auch Singen, Tanzen und Kunsthandwerk. Große Bedeutung hat auch ein Werte-Unterricht. Hier erfahren die Mädchen die Kraft, die in den verschiedenen Kulturen der unterschiedlichen Bergvölker enthalten ist. Gleichzeitig wird ihnen so viel Selbstbewusstsein vermittelt, dass sie die traditionellen Zwänge auch kritisch hinterfragen lernen.

Jeden Morgen, noch eine halbe Stunde vor Sonnenaufgang, ist der Gong weit zu hören. Nach dem Wecken ist Frühsport angesagt. Danach – noch im Dunkeln – arbeiten die einen im Garten, die anderen kochen Nudeln und Gemüse für das Frühstück. Dann beginnt der Unterricht. Die Atmosphäre ist warm, entspannt, fröhlich. Es wird viel gelacht und man hört sich gegenseitig zu. Gegen Mittag müssen Gemüse und Früchte für das Essen vom Feld geholt werden. Die Mädchen versorgen sich selbständig. Jeweils sechs von ihnen wohnen in einem der einfachen Ein-Raum-Häuschen, die aber doch komfortabel sind im Vergleich zu den Häusern ihrer Eltern.

Zu Besuch in Wandees Dorf

Zu Besuch im Heimatdorf von Wandee und Ahnub: Huay yo Mai liegt ganz im Norden des Landes, dicht an der Grenze zu Burma auf einem Berggrat. Etwa 50 Häuser ziehen sich entlang des staubigen Weges. Der Lehm leuchtet rot-gelb in der Mittagssonne. Die Häuser sind meist ärmlich, nur einige strahlen bescheidenen Luxus aus. Woher der kommt? Jeder weiß es im Dorf, das als ein wichtiges Glied im Drogenhandel gilt. Aber das Haus von Wandees Eltern ist das bescheidenste. In dem einen Raum leben sie mit der Großmutter und dem geistig behinderten Bruder. Die anderen Schwestern sind längst aus dem Haus.

Auf der Kante sitzt Wandees Vater, die Augen, Spiegel seiner Krankheit, lassen die Blicke ins Leere gleiten. An der kleinen Feuerstelle kocht Wandees Mutter Tee. Und dann berichten beide von ihrem Leben, von ihrem Alltag, von den vielen Schwierigkeiten, die kommen, wenn die Felder enteignet werden, Armut folgt und schließlich Ausweglosigkeit. Schnell bestimmen Drogen das Leben, dann Krankheiten, und niemand weiß so recht, wie der nächste Tag zu überleben ist.

Der Tag, an dem alles anders wurde

An einen Tag erinnert sich Wandee noch ganz genau, so als wäre er erst gestern gewesen. Und wenn sie von diesem Tag erzählt, wird ihre Stimme leise und stockend und die Tränen schluckt sie nur mühsam hinunter. Denn dieser Tag hat alles zerstört, was die Familie hatte: ihre Felder. Wandee war gerade 13 Jahre alt. Sie half ihren Eltern auf dem Feld. Arbeit gab es dort immer. Und das Ergebnis konnte sich sehen lassen: ein leuchtend grünes Reisfeld. Etwas höher die Bananenstauden und zahlreiche Obstbäume. Die Gemüsefelder. Den Hügel oben an der Straße hatte sie sogar mit Blumen bepflanzt. Denn das, was sie anbauten, sollte nicht nur die Mägen füllen, sondern auch den Augen Freude bereiten.

Ein Auge auf ihre Felder hatte seit einiger Zeit auch die Regierung geworfen. Allerdings nicht wegen der Blumen. Auch nicht wegen des gut stehenden Reises oder wegen der üppigen Bananenstauden. Man interessierte sich nur für das Land. Das wollte die königliche Familie für ein Wiederaufforstungsprogramm haben. Und da Wandees Eltern zum Volk der Akha gehörten, keinen Ausweis und damit auch keine Bürgerrechte und keine Besitztitel über ihre Felder besaßen, war es ein Leichtes, ihnen das Land einfach wegzunehmen.

An jenem Tag, an den sich Wandee noch so genau erinnern kann, kamen etwa 50 Soldaten, sperrten das Gebiet ab und rissen mit zwei Bulldozern alles nieder: die Bananenstauden, alle Obstbäume. Sie walzten das Reisfeld und die Gemüsefelder platt. Selbst vor den Blumen machten die Bulldozer nicht Halt. Nichts von alledem blieb verschont. Ohnmächtig musste die Familie mit ansehen, wie alles, was sie mühsam angelegt hatte, unter den mächtigen Schaufeln der Bulldozer zunichte gemacht wurde.

Dieser Tag änderte ihr ganzes Leben. Denn wer keine Felder mehr besitzt, kann nichts anbauen. Wer nichts anbaut, kann nicht ernten. Wer nichts ernten kann, weiß nicht, wie er seine Familie ernähren soll. Aus Verzweiflung begann Wandees Vater Opium zu nehmen. Die Droge machte ihn kaputt und krank. Bald konnte er nicht mehr arbeiten. Die Mutter verdingte sich bei anderen Bauern auf dem Feld und erhielt dafür etwas Reis.

Bis zu jenem dramatischen Tag hatte Wandee die Schule besucht. Doch von da an musste sie mit ihrer Mutter auf die Felder anderer Bauern und außerdem den Haushalt versorgen. Für die Schule blieb keine Zeit mehr. Und wer weiß, ob die Versprechungen der Mädchenhändler und damit der Weg in die Prostitution ihren Eltern nicht eines Tages als einziger Ausweg erschienen wären.

Eine neue Chance

Eine Chance hätte Wandee wahrscheinlich nicht gehabt, wäre sie nicht nach Monsaengdao gekommen. Das gilt auch für ihre Mitschülerinnen. Sie können ähnliche Geschichten erzählen. Ihre Erfahrungen stehen stellvertretend für die Hunderttausende verarmter Familien in Thailand und seinen Nachbarländern. Das Letzte, was sie zu Geld machen können, sind oft ihre Kinder.

Wandee und ihre Freundin Ahnub ist dieses Schicksal erspart geblieben. Sie können eine Ausbildung machen und mit ihren Mitschülerinnen das Lied vom »Hügel der Hoffnung« singen.

Der Erfolg dieser Projektarbeit ist spürbar: In den letzten Jahren ging in der Region die Zahl der Mädchen, die in die Hände von Mädchenhändlern gerieten und in der Prostitution landeten, stark zurück. In der Tat ein Stück Hoffnung.

Die Geschichte von Pasuk, Malai und Sang-la

»He, Pasuk, schau mal dort drüben«, riss Malai die Freundin aus ihren Gedanken heraus. »Bei euch vor dem Haus steht ja der Wagen von Herrn Tawatchainan.«

»Was der wohl bei uns will?«, überlegte Pasuk.

Neugierig näherten sich die drei dem Haus der Familie Chayakit. Von drinnen drang die polternde Stimme des Händlers Tawatchainan durch die halb geöffnete Tür. Pasuk gab Sang-la und Malai durch ein Zeichen zu verstehen, dass sie stehen bleiben und still sein sollten.

»Meine Geduld ist langsam zu Ende«, hörten sie den Händler reden. »Ich hätte Ihnen das Geld einfach nicht leihen sollen.«

»Haben Sie doch Mitleid mit uns«, schluchzte Pasuks Mutter. »Wir müssen fünf Kinder satt bekommen und bis zur Ernte dauert es noch etwas. Wovon sollen wir Reis kaufen?«

»Das soll nicht meine Sorge sein«, knurrte Herr Tawatchainan. »Mich interessiert nur, wie ich mein Geld zurückbekomme. Und die Zinsen.«

»Wenn genügend Regen fällt, kann die Ernte gut werden,

und Sie bekommen Ihr Geld und die Zinsen zurück«, ergriff Herr Chayakit das Wort.

»Wenn! Wenn! Das hilft mir nichts! Ich will mein Geld!«

Der Händler trommelte mit seinen Fingern auf den Tisch. Pasuk hörte, wie ihre Mutter weinte.

»Aber ich will ja kein Unmensch sein«, fuhr Herr Tawatchainan nach einer Weile fort. »Ich stunde ihnen noch einmal das Geld. Bis zur Ernte. Aber dann will ich die gesamten 2000 Baht in die Hand geblättert bekommen. Und natürlich die doppelten Zinsen!«

»Sie sind ein gütiger Mensch«, hörten die drei Mädchen wieder die Stimme von Frau Chayakit. »Wir wissen nicht, wie wir Ihnen danken sollen.«

»Schon gut, schon gut. Das weiß doch jeder, dass ich kein gieriger Geier bin!«, unterbrach sie der Händler. »Aber nach der Ernte lass ich kein zweites Mal mit mir reden. Ich muss ja auch von irgend etwas leben.«

»Der alte Fettsack«, schimpfte Pasuk und stieß Malai in die Seite. »Der weiß doch gar nicht, was er mit all seinem Geld machen soll. Jetzt kommt er raus. Kommt! Schnell hinters Haus!«

Herr Tawatchainan trat aus der Tür, kniff die Augen zusammen, weil ihn die tief stehende Sonne blendete, und stieg in sein Auto.

»Wie gerne würde ich auch mal in einem Auto fahren«, sagte Malai.

»Pah! Aber nicht mit dem«, entgegnete Pasuk.

»Lustiger soll es noch mit dem Zug sein«, schwärmte Sangla. »Einmal, ein einziges Mal nur, mit dem Zug nach Bangkok. Das wäre schön.«

»Das ist nur was für die Reichen«, lachte Pasuk bitter. »Die können damit reisen und wir davon träumen.«

Der Händler ließ den Motor aufheulen, und der Wagen

fuhr die Straße hinunter. Die gelb-rote Staubfahne, die er hinter sich aufwirbelte, entfernte sich langsam.

Je näher die Erntezeit rückte, desto sorgenvoller wurde das Gesicht von Pasuks Vater. Und auch die Falten auf der Stirn der Mutter schienen Pasuk zahlreicher zu werden. Es hatte in der vergangenen Regenzeit kaum geregnet. Die Reisfelder waren ausgedorrt, und die Bäche führten immer weniger Wasser. Der Reis wollte nicht recht wachsen und blieb klein und kümmerlich. Die Ernte wurde so schlecht wie schon Jahre nicht mehr. Immer wenn sich ein Wagen auf der Straße näherte, zuckte Frau Chayakit zusammen und rannte vor die Tür. Erleichtert kam sie wieder in das Haus zurück, wenn sie sich überzeugt hatte, dass es nicht der Händler war. Pasuks Vater arbeitete noch härter als sonst auf dem Feld. Und auch sein Wasserbüffel musste sein Letztes geben. Während er den Pflug in guten Jahren durch den weichen Schlamm ziehen konnte, gelang es ihm jetzt kaum, die steinharte, vertrocknete Erde aufzureißen.

Und dann kam jener Tag, den die ganze Familie so gefürchtet hatte. Das Auto, das die Straße herauffuhr, hielt direkt vor dem Haus der Chayakits. Herr Tawatchainan stieg aus und ging mit eiligen Schritten zur Tür. Pasuks Mutter hatte ihn längst kommen sehen und rieb hilflos ihre Hände aneinander.

»So, ich komme, um das Geld zu holen.«

Der Händler hielt ihnen seine geöffnete Hand entgegen. Herr Chayakit schien plötzlich alle Erklärungen vergessen zu haben, die er sich für diesen Augenblick schon hundertmal zurechtgelegt hatte. Er drehte verlegen den Strohhut in seinen Händen und suchte nach Worten.

»Sie müssen verstehen«, begann er schließlich, »die Reisernte war sehr schlecht in diesem Jahr. Es war einfach zu trocken. Es hat weniger geregnet, als wir gehofft hatten!«

Mit dem Tourismus nahm auch die Prostitution zu: In den Bars und Nachtclubs der Vergnügungsviertel ist Sex mit Minderjährigen einfach und billig zu bekommen. Foto: Klaus Müller-Reimann

»Ich will keinen Vortrag über das Wetter hören«, unterbrach ihn der Händler wirsch. »Ich will mein Geld. Und die Zinsen. Wie verabredet.«

Herr Chayakit blickte hilflos auf den Boden.

»Sie haben Recht, es war so abgemacht. Ich und meine ganze Familie haben hart gearbeitet. Aber wenn der Regen ausbleibt, dann …«

»Jetzt fangen Sie mir nicht schon wieder mit dem Wetter an. Ich gebe Ihnen drei Tage Zeit, um das Geld zu besorgen. Dann komme ich wieder. Und wenn Sie es mir dann nicht auf den Baht genau in die Hand blättern, nehme ich Ihren Ochsen mit.«

»Aber das können Sie uns doch nicht antun. Ohne den Ochsen bin ich ruiniert. Dann wird es mit der nächsten Ernte auch nichts. Das dürfen Sie doch nicht …«

Der Händler hatte das Haus längst verlassen und war wütend in seinen Wagen gestiegen.

Herr Chayakit ließ sich auf die Matte fallen, verbarg sein Gesicht in den Händen und weinte. Pasuk war elend zumute. Sie hatte ihren Vater erst einmal weinen gesehen. Das war damals, als ihre kleine Schwester an Fieber gestorben war.

»Der Ochse«, schluchzte Herr Chayakit. »Der Ochse. Wenn er uns den nimmt, ist es aus.«

Als der dritte Tag gekommen war, mochte Herr Chayakit selbst den wenigen Reis nicht anrühren, der in seiner Schüssel war. Die ganze Familie saß zusammen und wartete auf jenen Augenblick, der mit jedem Herzschlag unweigerlich immer näher rückte. Das Motorengeräusch eines Autos riss sie aus ihren Gedanken hoch. Langsam erhob sich Herr Chayakit und trat gebeugt vor die Tür. Pasuk, ihre Mutter und auch die Brüder folgten ihm. Aber wie erstaunt waren sie, als sie auf der Straße nicht den klapprigen Wagen des Händlers, sondern ein vornehmes Auto erblickten, an dem man die

Chromleisten trotz der Staubkruste noch durchschimmern sah.

Als der junge Fahrer die Familie vor dem Haus erblickte, winkte er ihnen freundlich zu, hielt an und trat auf sie zu.

»Ein schöner Tag heute«, lachte er.

Herr Chayakit wusste nicht, was er darauf antworten sollte.

»Ihnen scheint er nicht so zu gefallen«, bemerkte der junge Mann, der einen Anzug wie die Männer aus der Stadt trug.

»Auf dem Land hat man immer Sorgen«, ging der Bauer auf ihn ein. »Vor allem, wenn der Regen ausbleibt!«

»Probleme sind dazu da, dass man sie löst«, lachte der Mann wieder.

»Wenn ich nur wüsste, wie«, seufzte Herr Chayakit. »Heute will der Händler kommen und mir meinen Ochsen wegnehmen, weil ich ihm die Schulden nicht zurückzahlen kann.«

Pasuk hatte das Gefühl, dass der Mann aus der Stadt ihm gar nicht richtig zuhörte, sondern immer wieder seine Blicke auf sie richtete.

»Schulden sollen Sie zurückzahlen?«, fragte der vornehme Mann und wandte sich wieder an Herrn Chayakit.

»Und die Zinsen«, fügte dieser hinzu. »Und die sind verdammt hoch. Aber uns bleibt ja nichts anderes übrig, als immer wieder Schulden zu machen.«

»Wie viel ist es?«, fragte der junge Mann.

»2000 Baht und 800 Baht Zinsen. Wie sollen wir das nur zurückzahlen? Unser armer Ochse!«

Der junge Mann aus der Stadt schien zu überlegen. »2800 Baht sagen Sie?«, und er ließ seine Blicke noch einmal an Pasuk hinuntergleiten, an ihrem schwarzen, langen Haar, dem feinen Gesicht, dem zierlichen Körper und den schlanken Beinen.

»2800 Baht«, murmelte er und schien nachzurechnen. Dann griff er plötzlich in die Brusttasche seiner Anzugjacke, holte eine Brieftasche hervor und entnahm ihr ein Bündel Scheine.

»Hier, nehmen Sie!«

Der fremde Mann aus der Stadt blätterte dem verwirrten Herrn Chayakit die Scheine auf die Hand, 2800 Baht. »Damit Sie Ihren Ochsen behalten können.«

Herr Chayakit war sich nicht sicher, ob er träumte. Unauffällig kniff er sich mit der linken Hand in den Oberschenkel. Aber der Schmerz zeigte ihm, dass es kein Traum war. Er hielt tatsächlich 2800 Baht in seiner rechten Hand. Er konnte die Schulden zurückzahlen und die Zinsen noch obendrein. Und den Ochsen würde er behalten können. Aber verstehen konnte er das alles nicht.

Schließlich überwand er seine Sprachlosigkeit. »Ich weiß gar nicht, wie ich Ihnen danken soll. Sie sind einfach zu gütig.«

»Netten Leuten hilft man gerne. Zumal wenn sie so hübsche Kinder haben«, wehrte der Mann ab und ließ dabei wieder seine Augen auf Pasuk ruhen.

Ihre Mutter lächelte stolz und gerührt. Ja, die Kinder, dachte sie. Es sind gute Kinder. Wenn sie ihnen doch nur ein besseres Leben bieten könnte.

Der fremde Mann schien ihre Gedanken zu erraten.

»Die Kinder sollten ein sorgloseres Leben führen«, fuhr er fort. »Und sie sollten etwas lernen, das ihnen hilft, sich und ihre Familie zu ernähren.«

Herr und Frau Chayakit pflichteten ihm bei.

»Aber hier auf dem Land ist das nicht so einfach.«

Der Bauer strich sich mit der Hand über den Kopf.

»Ich könnte Ihre Tochter vielleicht mit nach Bangkok nehmen.« Der Mann wandte sich an Pasuk.

»Ich würde mich um dich kümmern und dafür sorgen, dass du dort eine Arbeit findest.«

Pasuk blickte unsicher zu ihren Eltern hinüber. Sie schienen zu überlegen.

»Sie wird es dort bestimmt besser haben als hier«, fuhr der vornehme Mann fort. »Und vielleicht kann sie Ihnen gelegentlich etwas Geld schicken.«

»Aber sie ist doch noch so jung«, wandte Frau Chayakit ein.

»Ich werde mich natürlich viel um sie kümmern. Da brauchen Sie sich überhaupt keine Sorgen zu machen.«

»Vielleicht ist das wirklich das Beste für dich, Pasuk. Du wirst nach Bangkok fahren und ein besseres Leben haben als hier in den Bergen. Sie sind so gütig, mein Herr.«

Pasuk wusste nicht, ob sie vor Glück tanzen oder traurig sein sollte. Ein ganz neues Leben würde jetzt für sie beginnen.

Sang-la und Malai waren traurig, dass ihre Freundin fort war. Sie vermissten ihr helles Lachen. Wie gerne hätten sie Pasuk nach Bangkok begleitet. Die Fahrt in den Süden musste aufregend sein und noch abenteuerlicher das Leben in Bangkok. Sang-la und Malai waren in Gedanken oft bei Pasuk und träumten von dem märchenhaften Leben in der Hauptstadt. Wenn sie allein am Ufer des Baches saßen, erzählte Sang-la ihrer Freundin Geschichten. Die meisten endeten damit, dass ein Prinz aus Bangkok kommen würde und sie in seine Traumstadt mit tausend vergoldeten Kuppeln und Tempeln holen würde.

Ihre Aufregung war groß, als der schöne Wagen eines Tages tatsächlich wieder das Tal hinaufkam und in Ban Muang Kaew anhielt. Sang-la und Malai liefen zu ihren Eltern, stellten sich mit ihnen vor die Haustür und winkten dem vornehmen Mann im Anzug freundlich zu.

»Sie hat ein hübsches Gesicht«, sagte der fremde Mann zu

Malais Eltern. »Und elf Jahre ist ein gutes Alter. Ich sollte sie mit nach Bangkok nehmen. Sie wird es gut haben. Ich werde mich um sie kümmern.«

Er merkte, dass Malais Vater noch etwas auf dem Herzen hatte. Darum fuhr er gleich fort: »Und zum Dank für das Vertrauen, das Sie zu mir haben, möchte ich Ihnen 2000 Baht schenken. Sie werden es gebrauchen können.«

Malais Mutter entfuhr ein Freudenschrei, und ihr Vater lächelte zufrieden. Um so viel Geld zu verdienen, mussten er und seine Familie ein ganzes Jahr hart arbeiten. Der Mann aus Bangkok war wirklich ein großherziger Mensch.

»Kann meine Freundin Sang-la auch mit?«, fragte Malai leise.

»Kind, so etwas darfst du doch nicht fragen«, ermahnte sie ihre Mutter.

»Warum nicht?«, entgegnete der Mann. »Wie alt ist sie denn?«

»Dreizehn Jahre«, antwortete Malai. »Sie ist meine beste Freundin, neben Pasuk, die ja auch bei Ihnen wohnt.«

»Bei mir?«, fragte der Mann verwirrt. »Ach so, jaja. Wie war noch mal ihr Name?«

»Pasuk«, wiederholte Malai.

»Ach ja, natürlich. Die Pasuk. Ich soll dich übrigens von ihr grüßen. Sie würde sich sehr freuen, wenn du kommen würdest.«

Malai strahlte über das ganze Gesicht.

»Aber wo wohnt deine Freundin Sang-la?«, drängte der Fremde.

»Gleich dort drüben«.

Als der Mann aus Bangkok Sang-la begrüßte und seine Augen an ihrem Körper hinunterglitten, merkte Malai sofort, dass er unschlüssig war.

»Nehmen Sie sie doch mit«, bettelte sie.

»Na gut. Weil du mich so lieb bittest«, sagte er schließlich und drückte Sang-las Vater 1000 Baht in die Hand. Malai tanzte von einem Bein auf das andere. Ein Traum würde jetzt wahr werden.

Es war noch dunkel, als der Zug am frühen Morgen in Bangkok einlief. Sang-la und Malai wurden von einer kräftigen Hand wachgerüttelt. Nur langsam kam in ihnen die Erinnerung hoch. Der vornehme Herr hatte sie in seinem Wagen nach Uttaradit gefahren und dort einem Mann übergeben, der sie mit fünf anderen Mädchen in den Zug gesetzt hatte. Malai blinzelte vorsichtig. Der fremde Mann rüttelte ein Mädchen nach dem anderen wach. »He, ihr Langschläfer! Aufwachen! In wenigen Minuten läuft der Zug in Bangkok ein!« Das Wort Bangkok riss Malai endgültig aus ihrem Schlaf. Das große Abenteuer und ein neues Leben würden an diesem Morgen beginnen.

Auf dem Bahnhof herrschte ein aufgeregtes Durcheinander. Die beiden Mädchen waren völlig verwirrt von den vielen unbekannten Dingen, die plötzlich auf sie einstürmten. Und dann dieser Lärm der hupenden Autos! Der fremde Mann drängte die sieben Mädchen durch das Verkehrsgewirr in eine Seitenstraße. »Sunnant Service« stand auf einem Schild neben dem Eingang am Ende der Straße, in den ihr Begleiter sie hineinschob. Darunter stand »Arbeitsvermittlung«.

Der Mann, der sie in Empfang nahm, ließ einen flüchtigen Blick über die Mädchen gleiten.

»Du hast auch schon mal bessere Ware gebracht«, lachte er ihren Begleiter an.

»Aber warte mal. Die Kleine hier ist nicht schlecht.«

Er fasste Malai am Arm und führte sie hinter eine Trennwand. »Du hast ein hübsches Gesicht«, grinste er. »Nur dein Kleidchen ist ziemlich schäbig. Aber jetzt wollen wir mal sehen, was da so alles drunter ist.«

Der Mann nestelte mit seinen Fingern an Malais Kleid und machte sich an ihrem Körper zu schaffen. Malai schrie auf.

»Bist du wohl still, du kleines Luder«, fauchte der Mann sie an. »Hier bist du nicht im Dorf, wo du den ganzen Tag schreien kannst. Jetzt bist du in Bangkok. Jeder muss hier sein Geld verdienen. Du bist hübsch. Du wirst die Männer bedienen und glücklich machen. Eine Frau wird dir noch zeigen, was du genau zu tun hast.« Malai begann verängstigt zu weinen.

»Und jetzt hör mir mal gut zu!« Der Mann fasste sie am Kinn und zog es hoch, sodass sie ihm in die Augen sehen musste.

»Wenn du nicht alles machst, was ich dir sage, dann bekommst du Schläge auf deinen zarten Po. Ich schlage dich windelweich. Hast du verstanden!?«

Malai nickte nur und schluchzte vor sich hin. Ihre Augen suchten Sang-la. Aber sie war in einen anderen Raum gebracht worden. Und auch ihr Begleiter war nicht mehr zu sehen.

Mehrere Männer traten in den kahlen Raum. Sie sprachen von einem Grundpreis. Dann begann die Versteigerung. Manche Mädchen wechselten für 2500 Baht den Besitzer. Es gab aber auch Männer, die das Doppelte boten. Malai war einem Herrn Saithong 4000 Baht wert. Die Übriggebliebenen wurden den Käufern als Ausschuss unter dem Selbstkostenpreis angeboten. Zufrieden zog Herr Saithong mit Malai nach Hause. Mit ihr hatte er ein gutes Geschäft gemacht.

Herr Saithong brachte Malai in ein großes Haus, über dessen Eingang in roten Neonbuchstaben »Hotel Lotos« stand.

»Du wirst jetzt in jeder Nacht von Männern Besuch bekommen. Und was sie von dir wünschen, das musst du ihnen erfüllen. Sie wollen, dass du sie für eine Stunde glücklich machst.«

Malai hatte große Angst vor dem, was sie erwartete, und weinte. »Wisch die Tränen ab! Und hör bloß auf zu flennen!«, drohte der Hotelbesitzer. »Die Männer mögen so etwas nicht.«

Das, was dann in der ersten Nacht geschah, war schlimmer als alles, was sich Malai in ihrer Angst ausgemalt hatte. Sie spürte die gierigen Finger, den stoßenden Atem, die harten Stöße, die reißenden Schmerzen. Bloß jetzt nicht weinen, dachte sie. Dann wird alles nur noch schlimmer. Dann wird er mich zusammenschlagen, denn Weinen mögen die Männer nicht. Sie wollen glücklich sein. Die Worte des Hotelbesitzers wirbelten ihr durch den Kopf. Noch nie hatte sie sich so elend gefühlt. Noch nie war sie so unglücklich gewesen.

Aus: Hans-Martin Große-Oetringhaus, Kein Platz für Tränen, *Peter Hammer Verlag, Wuppertal 1986.*

KINDERHANDEL IN SÜDOSTASIEN

Zwecke des Kinderhandels

- Sexuelle Ausbeutung
- Ausbeutung durch Arbeit
- Ausbeutung in illegalen Tätigkeiten
- Kommerzielle Adoption
- Zwangsheirat
- Zwangsrekrutierung

Sexuelle Ausbeutung

- Prostitution: Bereits sehr junge Mädchen werden an Bars oder Bordelle verkauft, wo sie ohne Lohn häufig mehr als zehn Kunden pro Tag bedienen müssen.
- Sextourismus: In Thailand sind Tourismuszentren wie zum Beispiel Bangkok oder Phukhet sowie Grenzgebiete zu Laos, Kambodscha oder Myanmar (Burma) betroffen.

Ausbeutung durch Arbeit

- Einsatzbereiche sind Handwerk und Industrie, Fischerei, Landwirtschaft, Viehzucht, Textilverarbeitung und Baugewerbe. Das Durchschnittsalter der Kinder auf den Baustellen liegt bei 14,5 Jahren. Die Arbeitszeit beträgt bei schlechten und risikoreichen Bedingungen 8 bis 9 Stunden täglich, der Lohn etwa 2 bis 3 US-Dollar.
- Hausarbeit: Mädchen aus Indonesien, Kambodscha und Vietnam arbeiten teilweise unter sklavenähnlichen Bedingungen ohne Freizeit oder Lohn.

Ausbeutung in illegalen Tätigkeiten

- Betteln und Straßenhandel: Die Kinder sind oftmals zwischen 6 und 10 Jahre alt, stammen entweder aus Kambodscha, Burma, Laos und Bangladesch oder aus den ländlichen Regionen Thailands, werden zum Teil von organisierten Gruppen in die Städte gebracht und zum Betteln oder zum Straßenhandel gezwungen. Auch in Indonesien und auf den Philippinen werden Kinder zum Betteln eingesetzt.
- Drogenhandel und -schmuggel: In Thailand etwa sind dies Kinder unter 14 Jahren, da ab diesem Alter bei Drogenhandel die Todesstrafe droht. Bekannt sind Fälle von 4-jährigen Kurieren oder 7-jährigen Händlern.

Kommerzielle Adoption

- Beispiel Vietnam: Vietnam ist weltweit eines der größten Herkunftsländer für Adoptionen.
- Hauptempfängerländer waren (und sind) USA, Schweden, Niederlande, Norwegen sowie Kanada, Frankreich, Spanien, Schweiz, Italien, Deutschland, Finnland, Australien und Großbritannien.
- Offiziell ist es nur dem IKRK gestattet, Adoptionen zu vermitteln. Inoffiziell wird jedoch von über 70 illegalen Organisationen ausgegangen.
- Im Jahre 2000 betrug der Preis für ein Adoptivkind aus Vietnam 5000 US-Dollar.
- Ablauf kommerzieller Adoptionen: Kinder werden unverheirateten

Müttern und armen Familien abgekauft, mit gefälschten Papieren illegal gegen Bezahlung ins Ausland gebracht und dort adoptiert.

Zwangsheirat

- Beispiel Vietnam: Mädchen werden nach China, Europa, Macau oder Taiwan zur Zwangsheirat verkauft. In Taiwan betrug 1997 der Preis für die Heirat mit einer Vietnamesin 3000 US-Dollar.

Zwangsrekrutierung

- Kinder werden als Soldaten für staatliche Armeen oder andere bewaffnete Gruppen, zum Beispiel auf den Philippinen, in Myanmar/Burma und Indonesien eingesetzt.

Herkunft und Routen

- Kinderhandel in Südostasien existiert sowohl als Binnenhandel innerhalb der Grenzen eines Staates als auch als grenzüberschreitender Handel zwischen den Staaten.
- Herkunftsland: Burma
  Zielländer: Thailand, China, Pakistan, Bangladesch
- Herkunftsland: Indonesien
  Zielländer: Malaysia, Singapur, Brunei, Australien, Taiwan, Korea, Japan, Saudi-Arabien, Vereinigte Arabische Emirate (Katar, Bahrain, Oman), Kuwait, Deutschland, Niederlande, Österreich
- Herkunftsland: Kambodscha
  Zielländer: Thailand, Malaysia, Taiwan, Europa, Singapur, Hongkong, Japan, Vietnam, Südafrika
- Herkunftsland: Laos
  Zielländer: Malaysia, Thailand, China
- Herkunftsland: Philippinen
  Zielländer: Japan, Costa Rica, USA, Malaysia, Australien, Neuseeland, Taiwan, Europa, Mittlerer Osten, Nördliche Marianen
- Herkunftsland: Thailand
  Zielländer: Malaysia, Singapur, Taiwan, Japan, Deutschland, Niederlande, Schweiz, Australien, USA, Südafrika, Neuseeland
- Herkunftsland: Vietnam
  Zielländer: China, Taiwan, Kambodscha, Thailand, Europa, Hongkong

Personen(gruppen), die in Kinderhandel involviert sind

- Eltern, Familienangehörige und Freunde
- Professionelle Vermittler und Menschenhändler
- International, regional oder lokal organisierte kriminelle Gruppen
- Arbeitsvermittler
- Regierungsbehörden oder Angestellte der Justiz, der Grenzbehörden und der Polizei
- Bordellbesitzer, Zuhälter und Prostituierte
- Besitzer von Handwerks- und Industriebetrieben (»Arbeitgeber«)
- Fahrer, Begleiter und Führer
- Dorfoberhäupter
- Lehrer, Ärzte oder Bankangestellte
- Angestellte in Waisenhäusern oder im Gesundheitswesen
- Professionelle Adoptionsvermittler

Faktoren, die Kinderhandel begünstigen

- Armut und Globalisierung
- Kinder müssen zur Existenzsicherung ihrer Familien beitragen. Als Auswirkung des »freien« Marktes und wachsenden internationalen Handels steigt die Nachfrage nach ungebildeten und billigen Arbeitskräften, also Kindern. Sie werden häufig aus ökonomischen Zwängen verkauft.
- Ausbau des internationalen Tourismus
- Materielle Anreize und Perspektiven einer Metropole
- Kulturelle Werte und Traditionen: Der moderne Kinderhandel kann in den Gesellschaften Südostasiens teilweise an jahrhundertealte Traditionen, Verhaltensweisen oder Zwänge anknüpfen, zum Beispiel die Erwartung, dass Kinder zum Familieneinkommen beitragen, oder die gesellschaftlich akzeptierte Prostitution von Mädchen und jungen Frauen.
- Auseinanderbrechen der Familien- und Sozialstrukturen: Sie führen unter anderem zu verstärkter Migration von Kindern und Jungen in ökonomisch stärkere Städte, Regionen oder Nachbarländer. Arbeit suchende unbegleitete Minderjährige sind potenzielle Opfer von Vermittlern oder Kinderhändlern.
- Mangelnde Bildung und Aufklärung: Uninformiert über die Gefahren von Kinderhandel, sind Eltern, Verwandte sowie die Kinder und Jugendlichen empfänglich für die Versprechen von Vermittlern, Agenten oder Händlern von einer besseren Zukunft.
- Geschlechtsspezifische Diskriminierungen: Die Gefahr für Mädchen, Opfer von Kinderhandel zu werden, ist nicht zuletzt als Folge einer patriarchialen Gesellschaftsstruktur, besserer Ausbildungsmöglichkeiten für Jungen oder der gesellschaftlichen Akzeptanz der Prostitution größer als für Jungen.
- Nachwirkungen von Kriegen: Die Kriege in Vietnam und Kambodscha sowie nachfolgende lokale und regionale Auseinandersetzungen, auch in Burma, hinterließen Armut und Verwüstung, aufgelöste Familienstrukturen sowie Schmuggel- und Handelsverbindungen. Sie brachten außerdem einen Bedarf an Helfern und Soldaten für staatliche Armeen, bewaffnete Gruppen oder Befreiungsarmeen. Ein Anstieg der Prostitution ist eine weitere Begleiterscheinung.
- Korruption und Gleichgültigkeit: Die Beteiligung offizieller Stellen oder einflussreicher Personen am Kinderhandel und mangelndes Interesse an einer wirksamen Verfolgung der Täter verhindert eine Eindämmung des Kinderhandels.

Quelle: Rosalie Matilac and Regina Florendo, »Child trafficking in Southeast Asia«, Manila, Februar 2002.

IM WINDSCHATTEN DER AUSLANDSADOPTIONEN

Der Handel mit bolivianischen Babys

Von Peter Strack

»Ich will wenigstens wissen, ob es dem Kind gut geht«, sagt Sonia, während Tränen aus ihren Augen quellen. Vor zwei Jahren stand sie kurz vor der Geburt. Doch richtig freuen konnte sie sich nicht. Die Erzieherin des Kindergartens, den die älteren Geschwister besuchten, hatte ihr gesagt, sie werde das Kind wohl schwer versorgen können. »Gib es zur Adoption frei«, so ihr Rat. »Ich werde dir eine Familie organisieren, die dafür sorgt, dass du auch deine Großen durchbringen kannst.«

Im Gesundheitsposten eines halbstädtischen Viertels nahe Cochabamba brachte Sonia ihr Kind zur Welt. Zwei Tage hatte sie es noch bei sich, dann sei die Kindergärtnerin mit einer großen blonden und einer brünetten Frau aufgetaucht. Sie brachten Zucker und Öl, wollten das Kind gleich mitnehmen und versprachen, sich weiter um Sonia und ihre Familie zu kümmern. Doch Sonia wurde unsicher, wollte die Adoptiveltern persönlich kennen lernen und ein schriftliches Dokument. Aber die Besucherinnen beruhigten sie. Am Sonntag kämen sie mit den Adoptiveltern und dem Kind wieder, um das Dokument zu unterschreiben.

»Aber bis heute habe ich das Kind nicht mehr zu Gesicht bekommen«, erzählt die junge Frau. Die Kindergärtnerin redete sich damit heraus, dass es dem Kleinen so schlecht gegangen sei, dass man ihn umgehend nach Spanien habe bringen müssen. Doch Sonia ließ nicht locker. Nachbarn berichteten ihr, dass die Kindergärtnerin für das Kind 2000 Dollar bekommen habe. Daraufhin wandte sich die verzweifelte Mutter an die Gesundheitsstation und bat um die Aushändigung der Geburtsurkunde. Die zuständige Ärztin verwies auf die Krankenschwester, der sie die Geburtsurkunde gegeben habe. Doch diese wich aus. »Jetzt, wo das Kind weg ist, willst du noch die Geburtsurkunde? Dafür müsstest du viel Geld zahlen.« Gegenüber der Ärztin behauptete sie, das Dokument sei verloren gegangen.

Sonia vermutet, dass die Krankenschwester und die Kindergärtnerin unter einer Decke stecken, traut sich aber zwei lange Jahre nicht, Anzeige zu erstatten. Sie hat Angst, selbst ins Gefängnis zu kommen. Aber heute will sie wissen, was genau passiert ist, sie will wissen, wo ihr Kind ist.

Wie Sonia ergeht es vielen jungen Müttern in Bolivien, die sich unter dem Druck der wirtschaftlichen Not auf einen Handel einlassen, von dem nur die profitieren, die die Fäden ziehen und die Voraussetzungen für eine im wahrsten Sinn des Wortes unbürokratische Adoption ins Ausland schaffen.

Alternativen für Mütter statt neue Mütter

Doch für die oft überforderten Mütter gäbe es auch andere Möglichkeiten: Sonia steht seit längerem in Kontakt mit der bolivianischen Nichtregierungsorganisation Infante. Diese kümmert sich um Kinder aus Problemfamilien, unterstützt aber auch Frauen beim Aufbau einer eigenen Existenz oder bietet Familienberatungen an. Infante koordiniert für Bolivien außerdem die Kampagne gegen Kinderhandel, die das Kinderhilfswerk terre des hommes mit Hilfe verschiedener Partnerorganisationen in Südamerika durchführt.

Die Sozialarbeiterinnen von Infante raten Müttern wie Sonia, die inzwischen einen weiteren Säugling hat, ihr Kind nicht einfach abzugeben, obwohl Infante ebenfalls Adoptionen vermittelt – allerdings nur innerhalb Boliviens. Doch zunächst geht es darum, gemeinsam mit Sonia die wirtschaftlichen Probleme zu lösen. Das

Sonia mit ihren älteren Söhnen: Sie wünscht sich verzweifelt zu wissen, was aus ihrem Baby geworden ist.
Foto: Timo Nasseri

Pflegemutter Marlene Zeballos: Das Modell der Übergangsfamilien ermöglicht es vielen Kindern, doch bei ihren eigenen Eltern oder zumindest im eigenen Land aufzuwachsen.
Foto: Timo Nasseri

heißt vor allem: eine einigermaßen bezahlte Arbeit für sie zu finden. Derweil wird Sonias Baby Mateo, das stark unterernährt ist, von einer erfahrenen Pflegefamilie hochgepäppelt. 43 Kinder haben in dieser Familie schon vorübergehend Wärme und Geborgenheit gefunden – und mehr als die Hälfte konnte anschließend zurück zu den leiblichen Eltern. Die anderen Kinder wurden mehrheitlich von bolivianischen Familien adoptiert, einzelne – zum Beispiel mit schwereren Behinderungen – auch an Spezialeinrichtungen übergeben.

Und selbst wenn es Pflegemutter Marlene Zeballos schwer fällt, nach teilweise wenigen Monaten die lieb gewonnenen Kinder wieder abzugeben: Für sie ist es auch eine Genugtuung zu wissen, dass es ihnen jetzt im Schoß ihrer eigenen Familie wieder gut geht. Und sie denkt an all die Kinder, die weiter ihre Hilfe als Pflegemutter brauchen.

Auch wenn sich inzwischen weitere Einrichtungen und der Staat selbst für das Modell von Infante interessieren oder wie SOS Kinderdorf – ein weiterer Partner der bolivianischen Kinderhandelskampagne – bereits ähnliche Ansätze entwickelt haben: Der institutionelle Alltag sieht gewöhnlich anders aus. Da ist die Bauernfamilie, die die Krankenhausrechnung nicht bezahlen kann und deren Kind deshalb als verlassen erklärt und zur Adoption freigegeben wird. Da sind hoffnungslos überfüllte und überforderte Kinderheime, in denen Unterstützungsarbeit mit den Herkunftsfamilien nicht vorgesehen ist, in denen die Mitarbeiter oft gar überzeugt sind, dass die bolivianischen Eltern nichts taugen und es ein Kind allemal in einer europäischen oder US-amerikanischen Familie besser hat. So wird übersehen, dass es oft nicht die unfreiwillig schwanger gewordenen jungen Mütter sind, die ihre Kinder abgeben wollen, sondern Familienangehörige, die Druck ausüben. Daher muss es auch darum gehen, etwa mit den Vätern über Lösungen zu reden. Infante weiß: »Kinder werden vor allem dann verlassen, wenn die Mütter sich allein gelassen fühlen.«

Desolate Familienverhältnisse, wie etwa bei Epifania (siehe unten »Die Geschichte von Epifania«), sind typischer Nährboden für Kinderhandel. Im Chapare beispielsweise, obwohl oder gerade weil dort wegen des Drogenhandels zeitweise viel Geld zirkulierte, sind die sozialen Verhältnisse besonders prekär. Gewalt bei der Drogenbekämpfung geht einher mit der Gewalt in vielen Familien. Die Kinder gehören in beiden Fällen zu den Hauptopfern. Der demonstrative Reichtum der einen fördert auch den Werteverfall bei anderen: Es kommt zu Missbrauchserfahrungen, Vernachlässigung, Perspektivlosigkeit. »Hier gehen viele Kinder verloren«, sagt die Mitarbeiterin einer staatlichen Kinderschutzstelle. »Die Mütter sind oft erst 14, 15 Jahre alte, viele arbeiten in der Prostitution. Sie kommen nicht aus der Region und was sie verdienen, reicht gerade mal zum Essen.«

Statt beim Thema Adoptionen den Familien, den psychischen und materiellen Nöten der abgebenden Mütter Aufmerksamkeit zu schenken, statt den leiblichen Eltern Mut zu machen und ihnen gangbare Wege aufzuzeigen, wird oft ganz schnell die Adoption als Lösung angeboten. Und nicht nur, weil abgebende Mütter Schuldgefühle bekommen oder weil Adoptivkinder später beginnen, sich belastende Fragen nach ihrer Herkunft zu stellen, sondern gerade auch, weil die Heime überfüllt sind, es viel zu viele Kinder gibt, die ebenfalls ein Recht auf Familie haben und für die es keine andere Alternative als die Adoption gibt, muss nach Ansicht von Infante wenn möglich die Rückkehr von verlassenen Kindern in die Herkunftsfamilien Priorität haben.

Die Geschichte von Epifania

Epifania wurde als sechstes von acht Geschwistern in einem kleinen Dorf im Norden von Potosí geboren. Sie half den Eltern beim Viehhüten. Die Schule war zu weit weg und für den Schulbesuch fehlte der Bauernfamilie auch das Geld. Als

Epifania 8 Jahre alt war, starb ihre Mutter. An die nachfolgende Zeit mag sie sich nicht gern erinnern. Der Vater ging eine neue Beziehung ein. »Meine Stiefmutter schlug mich oft und mein Vater glaubte immer nur ihr.« Als sie 10 war, nahm sie ihr älterer Bruder mit in den Chapare, die Tropen- und Kokaanbauregion von Cochabamba, um dort auf dessen Kinder aufzupassen. »Sie schickten mich sogar in die Schule, aber ich kam einfach nicht zurecht.« Ihr Bruder habe sie außerdem geschlagen.

Epifania flieht mit 14 in die Departementshauptstadt Cochabamba, um dort als Hausangestellte zu arbeiten. Sie verdient ihr erstes Geld. Sonntags hat sie frei, lernt Pedro kennen. »Er hat mir gesagt, er liebe mich und er wolle mit mir zusammenziehen.« Doch als sie schwanger wird, verschwindet er von der Bildfläche. Sie arbeitet weiter bis fast zum Geburtstermin. Ihre Chefin macht sich auf die Suche nach den Familienangehörigen, um Epifania »zurückzugeben«, und wird in einer Kleinstadt nahe Cochabamba bei einer Patentante fündig, in deren Haus das Kind geboren wird. »Wie willst du mit einem Kind Arbeit finden?« Die Patin nimmt Kontakt mit einer Rechtsanwältin auf, die ein Ehepaar suchen soll, das, so Epifania, dem Kind »das geben kann, was ich ihm nicht geben kann«. Die Rechtsanwältin bietet 500 Bolivianos, umgerechnet etwa 90 Euro. Doch Epifania will nur 200 Bolivianos, das, was die Geburt sie gekostet habe. Schuldgefühle kommen auf, die mit Argumenten bekämpft werden wie »Ich will, dass es dem Kind gut geht. Es wird Eltern haben, Kühe besitzen und viele Aguayos.« Aguayos sind die traditionellen bolivianischen Webstoffe.

Doch irgendjemand hat aufgepasst und den Handel angezeigt. Epifanias Baby wird einer sozialen Einrichtung übergeben. Und auf einmal eröffnen sich neue Alternativen: Vielleicht könne sie ja doch selbst für das Kind sorgen, meint

Epifania, wenn der Vater Alimente zahle. Und womöglich könne sich der Vater auch selbst um das Kind kümmern? Oder vielleicht doch Adoptiveltern, aber aus Bolivien? Denn es gebe Ausländer, so hat ihr jemand erzählt, die würden Kindern die Organe rauben.
Quelle: H. Albornoz, M. Lavayen, P. Ponce de León (Infante), »Factores psicosociales e institucionales facilitadores del tráfico de niños en Cochabamba«, in: terre des hommes (Hrsg.), »Del abuso al olvido«, Cochabamba 2001.

Vom schnellen Geld und dem Pflanzen von Apfelbäumen

Ein Ziel der bolivianischen Kampagne gegen den Kinderhandel ist deshalb, das in dem Andenstaat bislang einzigartige Modell der Inlandsadoptionen und Übergangsfamilien durch Schulung von Mitarbeiterinnen und Mitarbeitern anderer Institutionen auf nationaler Ebene weiterzuverbreiten. Doch wenn Mirtha Lavayen, die Direktorin von Infante, dieses Anliegen vorbringt, trifft sie nicht überall auf Begeisterung. Da sind Kinderheime, für die die in Spenden ausgedrückte Dankbarkeit ausländischer Adoptiveltern zu einem wichtigen Bestandteil der Finanzierung der eigenen Einrichtung geworden ist. Da ist die Mitarbeiterin eines Heimes, die ihr spärliches Gehalt mit den Vermittlungsgebühren als Repräsentantin einer Adoptionsagentur aufbessert. Da sind Rechtsanwälte, die für ihre Dienste bei der Besorgung der nötigen Papiere besser entlohnt werden als von einheimischen Kunden. Eine Rechtsanwaltsgehilfin über ihre Chefin: »Die Doktorin bringt immer Kinder vom Land mit und verkauft sie dann an Ausländer. Sie hat scheinbar Kontakte zu einigen Gemeinden aus dem Hochtal. Die Frauen vertrauen ihr, denn sie bekommen immer irgendetwas für ihre Kinder. Die Doktorin besitzt inzwischen mehrere Häuser. Der Handel mit den Kindern ist ihre Haupteinnahmequelle. Manche

Kinder werden von Ausländern mitgenommen, andere von gutbetuchten bolivianischen Paaren.«*

Auch Mitarbeiter der Sozialbehörde und der Gerichte können sich mit Auslandsadoptionen ein sattes Zubrot verdienen, weil die Gäste aus fremden Ländern nur kurz im Lande und darauf angewiesen sind, dass Prozeduren schneller als üblich vonstatten gehen. Viele schauen deshalb nicht so genau hin, wenn die angeblichen Gebühren höher als vorgeschrieben sind. So verwundert kaum, dass trotz Unterschrift Boliviens unter die Haager Konvention zur grenzüberschreitenden Adoption, die den Vorrang von Inlandsadoptionen vorschreibt, noch immer die weitaus meisten adoptierten Kinder ins Ausland gehen.

Es gibt Ärzte, denen gegenüber sich Adoptiveltern für ihre Vermittlung oder die Ausstellung einer gefälschten Geburtsurkunde erkenntlich zeigen. Und inzwischen mehren sich die Personen, deren Haupteinnahmequelle es geworden ist, arme schwangere Frauen wie Sonia ausfindig zu machen. Manche nehmen dafür Wege bis in abgelegene Landgemeinden auf sich. So wie nach Cruzani, einen Weiler hoch in den Bergen nahe bei Cochabamba gelegen, wo Janet Guzmán, Mitarbeiterin von Infante und Koordinatorin der Kampagne gegen Kinderhandel in Bolivien, einen Workshop durchführt, um die Kleinbauernfamilien auf die Gefahren des Kinderhandels aufmerksam zu machen.

Gemeinsam wird das Dorf mit Steinchen und Stöckchen nachgebaut, um so allmählich auf die wirtschaftliche Situation und die Probleme des Alltags zu sprechen zu kommen: eine große Anzahl an Kindern, zu wenig Land, zu wenige oder zu schlecht bezahlte andere Arbeitsmöglichkeiten.

Janet ergänzt das liebevoll gebaute Modell mit symbolischen

* Zitiert nach: Harold Albornoz, Mirtha Lavayen, Maria del Pilar Ponce de León (Infante), »Factores psicosociales e institucionales facilitadores del tráfico de niños en Cochabamba«, in: terre des hommes (Hrsg.), *Del abuso al olvido*, Cochabamba 2001.

Gegenständen. Für den Kinderhandel muss ein kleiner Globus herhalten – als Symbol für ein weltweit existierendes Verbrechen. Zweifellos machen die Eltern aus Cruzani sich Sorgen um die jungen Mädchen, die in die Stadt gehen, um die Oberschule zu besuchen oder als Hausangestellte zu arbeiten, und dort nicht immer sicher und gut behütet sind. Doch wer nach Babys fragt, hat schlechte Karten: Wenn hierher jemand nach kleinen Kindern frage, »dann treiben wir ihn mit Steinen aus dem Dorf«. Die Familien aus Cruzani glauben den Versprechungen von einem besseren Leben für ihre Kinder nicht. Sie setzen auf andere Einnahmequellen: So suchen sie zum Beispiel nach Möglichkeiten, das Pflanzen von Apfelbäumen zu finanzieren, mit denen sie sich künftig eine bessere Ernährung und ein kleines Zusatzeinkommen erhoffen.

Es ist leichter, ein Kind zu rauben als ein Schaf

Der Gemeinde Kewiñal, ein gut Stück weiter östlich von Cruzani gelegen, hätte auch die Vorsicht der Leute von Cruzani nichts genutzt. Die kirchliche Stiftung San Lucas hatte Filiberto, einen extrem unterernährten Säugling, aus dem Dorf in das staatliche Kinderkrankenhaus von Cochabamba gebracht. Nach 50 Tagen Behandlung verschwand der Junge plötzlich mitten in der Nacht. Er sei fortgelaufen, ließ die Krankenhausverwaltung mitteilen. Die Mitarbeiter der Stiftung versichern, dass Filiberto noch gar nicht laufen konnte. Merkwürdig auch, dass bei den nachfolgenden Untersuchungen Mitarbeiter des Krankenhauses, die sich kooperativ mit den Strafverfolgungsbehörden gezeigt hatten, entlassen wurden, dass Dokumente aus den Gerichtsakten verschwanden. »Die Leute aus Kewiñal wollen ihre Kinder nun nicht mehr in die Stadt schicken«, berichtet ein Kleinbauernsprecher der Tageszeitung *Los Tiempos,* »denn jeder kann sich scheinbar ein Kind stehlen wie ein Schaf oder eine Kuh, obwohl es viel schwieriger ist, ein Tier zu stehlen«. Und während die zuständige Staatsanwältin sich deutschen Journalisten gegenüber beklagt, dass sie nicht einmal Geld für Benzin bekomme, um den Fall zu untersuchen, bringen Polizisten einen Viehdieb ins Büro.

Der Fall Filiberto sei nur einer von verschiedenen Fällen, meint Elizabet Patiño, Mitarbeiterin der ebenfalls in der Kampagne aktiven bolivianischen Kinderrechtsorganisation DNI (Defensa de Niños Internacional), die in diesem Fall als Nebenkläger auftritt. Filiberto habe nur deshalb Aufsehen erregt, weil die kirchliche Stiftung Alarm geschlagen habe. Doch trotzdem und trotz klarer Verantwortlichkeiten beim Krankenhauspersonal ist es auch drei Jahre nach der Tat noch nicht zu Sanktionen gekommen.

DNI ist inzwischen auch bei den Behörden eine anerkannte Anlaufstelle geworden, wenn es um Fälle von Kinderhandel geht. Wenn das Telefon im Büro in Cochabamba klingelt, ist dies nicht selten die Familienpolizei. Dann geht es zum Beispiel um eine Mutter, deren 2-jähriges Kind aus einem Heim verschwunden und nach Peru verschleppt worden ist. »Das sind organisierte Händlernetze, nicht einfach Touristen, die sich ein Kind mitnehmen«, konstatiert Elizabet Patiño. Die Psychologin und streitbare Kinderrechtlerin nimmt Kontakt mit peruanischen Stellen auf, doch Korruption und Vertuschung sind immer wieder Steine auf dem Weg zur Aufklärung. »Manchmal meinen wir, wir haben den Schlüssel zur Lösung eines Falles gefunden, doch dann schließen sich plötzlich die Türen und unsere Informationsquellen versiegen.«

Von der Vorsehung Gottes und dem Versehen eines Rechtsanwalts

Aber Diebstahl ist nicht die einzige Form, an Adoptionskinder zu kommen. Inbesondere auf Geburtsstationen hören junge Mütter von Krankenschwestern oder freiwilligen Helferinnnen nicht selten, »wie traurig es ist, sie hier so leiden zu sehen, während andere Leute mit genug Geld das Kind gut versorgen könnten«. Andere argumentieren, dass sie keine Skrupel zu haben bräuchten, das Kind

So anschaulich wie möglich: Janet Guzmán, die für terre des hommes die Kinderhandelskampagne in Bolivien koordiniert, macht die Landbewohner auf die Gefahren des Kinderhandels aufmerksam. Foto: Timo Nasseri

abzugeben, habe Gott es doch für eine andere Familie vorgesehen, die ihm alles geben könne. Und häufig haben diese Ratgeber dann auch gleich eine geeignete, zahlungskräftige Familie an der Hand.

All das ist möglich, weil in Bolivien die Verantwortlichkeiten zwischen Sozialamt, Gericht und Fürsorgeeinrichtungen aufgesplittet sind und letztlich eine Instanz fehlt, die den komplizierten Vorgang einer Adoption überwacht und bei Gesetzesverstößen eingreift. Ein anderer Grund liegt bei der Nachfrageseite. Je größer der Wunsch nach einem Kind und je bürokratischer der Prozess, desto eher sind kinderlose Paare bereit, auf eigene Faust zu »adoptieren«. Und damit öffnen sie Tür und Tor für Geschäftemacher.

Doch selbst erfahrene und seriöse Adoptionsagenturen sind nicht vor Kinderhandel gefeit, wie ein Fall beim Sozialamt von Oruro zeigt. Man habe seine Unerfahrenheit als junger Rechtsanwalt ausgenutzt, beklagt sich Fernando Arispe, der sich neben einem deutschen Ehepaar als Hauptangeklagter im Prozess um illegale Adoptionen aus einem staatlichen Kinderheim wiederfand. Sein größtes »Versehen« sei, dass er Blankounterschriften im Büro hinterlassen habe. Die Dokumente, in denen die illegale Übergabe von Kindern aus dem Heim belegt wird, werden nun gegen ihn verwendet. Ihm drohen bis zu acht Jahre Gefängnis, während die eigentlichen Täter beim Sozialamt und bei der Adoptionsagentur nur noch der »Nichtanzeige« einer Straftat beschuldigt werden.

Dem deutschen Ehepaar wurde zum Verhängnis, dass es dem Kinderheim über die bolivianische Vertreterin der Adoptionsagentur eine Spende für Verpflegung und Kleidung hatte zukommen lassen wollen, die nie im Kinderheim ankam. Laut Aktenlage diente sie vielmehr der Bezahlung zweier Mitarbeiter der Behörde »zur Bewältigung der vielen Adoptionsverfahren«. Bestechung lautet der Vorwurf der Staatsanwaltschaft. Zu den Merkwürdigkeiten des Verfahrens gehört es, dass das deutsche Ehepaar angibt, nie von der Staatsanwaltschaft kontaktiert worden zu sein, um selbst in der Sache auszusagen, dass sich 20 Richter als befangen erklärt haben und dass der Richter wichtige Dokumente nicht berücksichtigen konnte, weil sie von der Staatsanwaltschaft nicht ausreichend legalisiert waren.

Das sei kein Einzelfall gewesen, klagt Rechtsanwalt Arispe. Persönliche Geschenke ausländischer Adoptionsagenturen vor und nach der Übergabe der Kinder, viele davon ohne den gesetzlich vorgesehenen richterlichen Beschluss, seien an der Tagesordnung gewesen. Der schließlich neu mit dem Fall befasste Staatsanwalt will überhaupt erst einmal wissen, wo die Kinder geblieben sind. Das bolivianische Gesetz schreibe eine regelmäßige Berichterstattung über Verbleib und Wohlergehen vor. Doch diesseits und jenseits des Atlantiks scheint auch hierfür niemand zuständig zu sein.

»Zwischenlager für Babys«

Carola Muñoz, bolivianische Vizeministerin für Kinder und Jugend, zeigt Verständnis für Paare, die keine Kinder haben, und betont das Recht der Kinder auf eine Familie. Adoption sei eine, sei die letzte Chance, dieses Recht zu erfüllen, doch zugleich räumt sie ein, dass das Verfahren in Bolivien oft nicht den juristischen Regeln und sozialpädagogischen Erfordernissen entspricht. Dabei hat Bolivien seit zwei Jahren eine nationale Adoptionsgesetzgebung. Sie ist noch strenger als das internationale Vertragswerk der Haager Konvention, die 2002 auch in Deutschland in Kraft getreten ist. Die Zahl der internationalen Adoptionsagenturen hat sich daraufhin drastisch reduziert. Legal sind nur noch Adoptionen in Länder möglich, die das vom Gesetz geforderte zwischenstaatliche Abkommen unterschrieben haben, das auch die Nachbegleitung absichern soll. Dies ist bei Italien und Spanien der Fall. Doch solange es keine Kontrollen gibt, räumt Muñoz ein, könne jeder tun, was er will. Und immer noch gebe es illegalen Adoptionskinderhandel, auch wenn darüber keine genauen Zahlen vorlägen.

Derzeit bemüht sich die Regierung um die Rückführung von sechs Kindern, die ihren Familien in Santa Cruz geraubt und nach

Spanien in Adoptivfamilien verschleppt worden waren. Doch selbst der spanische Staat sperre sich gegen die Rückführung, beklagt Muñoz, verlange immer neue Beweise, statt die Kinder endlich zu ihren Familien zu bringen. Statt Geist und Buchstaben der Haager Konvention zur Wirklichkeit werden zu lassen, scheine die Vorstellung zu herrschen, dass es ein Kind in Europa allemal besser habe als bei den eigenen Eltern in einem armen Land.

Muñoz weiß nur zu gut, was alles in Bolivien im Argen liegt. »Wenn wir es schaffen, die Armut zu überwinden, dann wären die Familien auch besser imstande, ihre Schutzfunktion gegenüber den Kindern zu erfüllen«, meint sie. Sie ist aber auch entschlossen, im Rahmen ihrer Möglichkeiten ganz konkret gegen Kinderhandel vorzugehen: Nach einer Stippvisite bei fünf zufällig ausgesuchten Kinderheimen in Santa Cruz habe sie die Schließung dreier dieser Einrichtungen angeordnet, berichtet die Politikerin. Das seien keine Heime gewesen, sondern »Zwischenlager für Babys«, wahrscheinlich sogar zum Aufpäppeln von Babys für den Export. Die Förderung von Inlandsadoptionen soll, so verspricht sie, in ihrer Amtszeit endlich Teil staatlicher Sozialpolitik werden. Und ganz eilig will sie sich um die Verabschiedung des Gesetzes gegen Kinderhandel kümmern. Doch Carola Muñoz weiß genau, dass Gesetze nur ein Hilfsmittel sind. Die internationalen Händlerringe werden weiterhin nach immer neuen Wegen suchen, ihrem Geschäft nachzugehen.

»DANN SORGT IHR FÜR EIN BESSERES LEBEN«
Ausbeuterischer Kinderhandel in Südamerika

Von Peter Strack

»Ich gehe in die Schule. Meine Eltern sagen, dass es sehr wichtig ist, zu lernen. Addieren, Subtrahieren, Multiplizieren und Dividieren. Ich kann auch schon den Dreisatz. Ich weiß, dass die Hauptstadt von Honduras Tegucigalpa ist, und ich lese gerne Geschichten von Jules Verne oder Gedichte von Rafael Pombo. Aber manchmal komme ich durcheinander. Die Lehrerin erzählt uns von der Freiheit und der Menschenliebe. Doch wenn ich raus auf die Straße gehe, dann ist das alles anders. Ich weiß deshalb nicht, ob ich in die falsche Schule gehe oder auf eine falsche Welt gekommen bin«.*

Aufgeregtes Gewusel auf dem Schulhof des »Centro Educativo« in Belén: Der Unterricht findet an diesem Tag im Freien statt, und es steht nur ein Thema auf dem Stundenplan: Kinderhandel. Es ist ein frühlingswarmer Vormittag, an dem die Sonnenstrahlen die Wasseroberfläche des nahe gelegenen Titicacasees funkeln lassen und sich die Konturen des imposanten Andenkamms in der Ferne scharf gegen den tiefblauen Himmel abzeichnen. Unendlich weit und friedlich präsentiert sich die Landschaft im Nordwesten Boliviens, kaum vorstellbar, dass hier noch vor kurzem blutige Ausein-

* Jairo Aníbal Niño, kolumbianischer Schriftsteller. Der zitierte Text stammt aus der Aufklärungsbroschüre der Fundación Esperanza, *Alto al tráfico de niños, niñas y jóvenes* (Bogotá 2002), die im Rahmen der kolumbianischen Kampagne gegen Kinderhandel herausgegeben worden ist.

andersetzungen zwischen Bauernorganisationen und Militärs stattgefunden haben.

Jetzt kämpfen die Bauern an den alltäglichen Fronten des Hochlandes mit seinen kargen Böden und extremen Temperaturen. Die Familien sind nicht reich hier und viele verlassen die Gegend auf der Suche nach Arbeit, die mehr zum Leben übrig lässt. Auch für Kinder und Jugendliche ist es selbstverständlich, sich Arbeit zu suchen, um die Familie zu unterstützen. Doch die wirtschaftliche Not wird allzu oft zur skrupellosen Geschäftsgrundlage für einen florierenden Kinderhandel.

Und so hat das spezielle Unterrichtsthema viel mit der Wirklichkeit der etwa 500 Schülerinnen und Schüler zu tun, die sich an diesem Morgen vor einer großen Bühne im Innenhof versammelt haben. Dort spielen Siebtklässler die Geschichte von Juanito, einem kleinen Jungen, dessen Arbeitskraft an eine reiche Familie verkauft wird. In einer weiteren Szene geht es um Luchito, der verschleppt wird, aber aus den Händen von Kinderhändlern befreit werden kann. Lieder und selbst geschriebene Gedichte handeln von den Gefühlen der Kinder, die von ihren Eltern getrennt sind, und davon, dass Kinder das Recht haben, vor Ausbeutung geschützt zu werden.

Für eine Woche hat Direktor Sebastián Gutiérrez den üblichen Stundenplan zugunsten dieser speziellen Projekttage ausgesetzt. Angeboten und koordiniert werden sie von Mitarbeiterinnen der Nichtregierungsorganisation CECASEM, Allierte der landesweit durchgeführten Kampagne gegen Kinderhandel. Ziel ist es, möglichst vielen Kindern und Jugendlichen durch diese Art der Aufklärung ein Leben in der Ausbeutung zu ersparen: Denn es sind Tausende, die in Bolivien und den Nachbarländern Brasilien, Argentinien und Chile in der Landwirtschaft und im Straßenhandel sowie im industriellen Bereich eingesetzt werden. Ihre Arbeitszeit beträgt nicht selten mehr als zwölf Stunden täglich, ein arbeitsfreier Tag oder regelmäßiger Schulbesuch sind meist nicht vorgesehen.

Claudia Choque, Vorsitzende der nationalen Vereinigung der Hausangestellten, war selbst ein Opfer von Kinderhandel. Heute verhandelt sie mit Politikern über bessere Arbeitsbedingungen. Foto: Timo Nasseri

Unzählige Mädchen werden alljährlich unter falschen Versprechungen als Hausangestellte in die Stadt gelockt, wo sie der Willkür ihrer Arbeitgeber ausgeliefert sind.

Auch Claudia Choque, Vorsitzende der nationalen Vereinigung der Hausangestellten, FENATRAHOB, kommt vom Titicacasee, genauer gesagt von der Sonneninsel, die wegen der landschaftlichen Schönheit und der prähispanischen Anlagen häufig von Touristen aufgesucht wird.

Als die noch heute mit traditionellen Röcken und Bowlerhut gekleidete Claudia als 14-Jährige durch Verheißungen von einem angenehmeren Leben nach La Paz gelockt wurde, um dort als Hausangestellte zu arbeiten, hätte sie sich wohl nicht träumen lassen, einmal mit Ministern und Parlamentsabgeordneten Verhandlungen führen zu müssen: Es soll endlich eine gesetzliche Regelung geben, die die Hausangestellten aus einer Epoche fast feudaler Abhängigkeitsverhältnisse befreit und ihnen die Mindestrechte von Arbeitnehmern zugesteht.

Doch bis dahin vergingen 15 Jahre, in denen Claudia sich in mühsamen kleinen Schritten ihre Rechte und vor allem ihr Selbstbewusstsein erkämpfen musste. Sie fand Mittel und Wege, an Kursen der Gewerkschaft teilzunehmen, fasste sich eines Tages ein Herz und pochte auf ihr Recht auf Freizeit. Die Reaktion kam prompt und wie erwartet: »Hausangestellte ruhen sich nicht aus.« So wie Claudias Arbeitgeberin damals dachten und denken auch heute noch viele Familien, die Mädchen vom Land beschäftigen.

Laut einer Erhebung der Hausangestelltenvereinigung unter 400 ihrer Mitglieder sind 30 Prozent jünger als 18 Jahre, fast zwei Drittel haben angefangen zu arbeiten, bevor sie 16 wurden. Die meisten haben Angst gehabt, als sie die erste Arbeitsstelle annahmen. Nur ein Viertel bekommt an Feiertagen frei.

Die ersten Jahre konnte Claudia die Besuche bei der Hausangestelltenvereinigung vor der Hausherrin noch verheimlichen. Nachdem sie aber an einer Demonstration teilgenommen hatte und ihr Foto in der Zeitung erschien, kam es zu einem Gespräch, das eine neue Wendung in Claudias Leben brachte: Da sie bei FENATRAHOB nicht nur an Selbstbewusstsein gewonnen hatte, sondern auch ihre hauswirtschaftlichen Fähigkeiten deutlich erweitert hatte, konnte sie ihre Arbeitgeberin davon überzeugen, dass der sonntägliche Gang zur Gewerkschaft in beiderseitigem Interesse war.

Ein kleines Mädchen, das nicht einmal Spanisch kann

Claudia stellt uns in der Ortsgruppe von San Pedro im historischen Zentrum von La Paz die Kollegin Mariela vor, die aus einem kleinen Bergdorf im Hochland von Potosí stammt und deren Geschichte die Ängste nur erahnen lässt, die sie als 8-Jährige ausgestanden haben muss. Ihr Bruder, erzählt sie mit leiser Stimme, habe sie in die noch von kolonialer Pracht geprägte Bergwerksstadt Potosí mitgenommen, um sie dort einer fremden Frau zu übergeben. Die brachte sie Hunderte von Kilometern weiter nach Cochabamba. Eine weitere Frau wies sie dort an, auf einen Lastwagen zu steigen. Mariela erinnert sich noch, gesehen zu haben, wie die Frau aus Potosí Geldscheine zählte, bevor die Fahrt in die 200 Kilometer weiter und mehr als 2000 Meter tiefer gelegene tropische Region Chapare begann.

Mariela war gewiss zu klein, um weit weg von ihrer Familie bei einer fremden Zementhändlerin zu arbeiten, aber sie war alt genug, um zu wissen, dass ihr ein Lohn zustand. Den habe ihre Schwester doch schon bekommen, ließ sie die Chefin am Ende des ersten Monats wissen. Nun müsse sie weiterarbeiten, um die Schulden abzuzahlen. »Ich habe gekocht, Wäsche gewaschen und Autos. Ich hatte keine festen Arbeitszeiten.« Noch mitten in der Nacht sei sie wieder geweckt worden, habe bis zum Mittag durchgearbeitet, das Essen der Hunde bekommen, kurz geschlafen und bis spät in den Abend weitergearbeitet. »Wenn ich erschöpft war und einzuschlafen drohte, haben sie mich an den Ohren gezogen und geschlagen.«

Es war eine Zeit voller Tränen, in der sich Mariela täglich fragte, wie sie aus dieser Hölle nur herauskommen sollte.

Nach einem Jahr wurde das Heimweh zu stark und Mariela hielt es nicht mehr aus. Ihre Chefin gab ihr gerade so viel Geld, dass es für ein Ticket nach Cochabamba reichte, und ließ sie gehen. Mariela kehrte zu den Eltern zurück. Doch schon mit 12 Jahren begann eine Neuauflage ihres Leidens: Zum Geldverdienen in ein Restaurant nach Cochabamba geschickt, unterstellte man Mariela dort einen Diebstahl, um ihren Lohn nicht zahlen zu müssen. Auch ihre Geburtsurkunde hielten die Arbeitgeber zurück. Heute arbeitet die junge Frau in La Paz als Wäscherin. In der Hausangestelltenvereinigung hat sie Spanisch, Kochen und Bügeln gelernt. Sogar in die Schule sei sie drei Jahre gegangen. Doch nun, mit ihren drei Kindern, fehle ihr das Geld für das Schulmaterial. »Man muss den Eltern sagen, dass sie sich um ihre Kindern kümmern und sie über ihre Rechte aufklären«, meint Mariela. Vor allem dürften die Kinder keine Angst haben, Anzeige zu erstatten. »Aber ich war ja noch ein kleines Mädchen, das nicht mal Spanisch konnte.«

Zwischen Sklaverei und Notgemeinschaft

Auch wenn Fälle wie die von Mariela extreme Auswüchse sind, ist die Arbeit in fremden Haushalten in der Regel kein Zuckerschlecken. 800 000 Kinder sind in Bolivien erwerbstätig, an die 40 000 dürften in fremden Haushalten beschäftigt sein. Diese Arbeit gehört, anders als die Arbeit in Bergwerken, in den Zuckerrohrplantagen oder der Prostitution, aber nicht zu den so genannten schlimmsten Formen der Ausbeutung, die auf der unter dem Druck knapper öffentlicher Haushalte etwas reduzierten Prioritätenliste der Regierung stehen.

Elf Jahre musste das neue Hausangestelltengesetz trotz zäher Lobbyarbeit auf seine Verabschiedung warten. Nicht wenige vermuteten dahinter einen Zusammenhang mit der internationalen

Liberalisierung der Märkte: Die Regierung plant, die bereits bestehenden, aber keineswegs umfangreichen Schutzbestimmungen für Arbeitnehmer noch weiter abzubauen. Daher befürchteten viele, dass die bescheidenen Forderungen der Hausangestelltenvereinigung nach 15 Tagen Urlaub oder der Zahlung des gesetzlichen Mindestlohnes schon zu weit gehen. Mittlerweile ist das Gesetz verabschiedet; fraglich ist allerdings, ob es den Jüngsten, den am schlimmsten Betroffenen, wirklich helfen wird: Kinderarbeit ist bis zum Alter von 14 Jahren theoretisch verboten – wie sollten die Mädchen da akzeptable Arbeitsbedingungen einklagen?

Doch bei dem Gesetz geht es auch darum, einen Gesinnungswandel herbeizuführen. »Der Kinderhandel begann in der Kolonialzeit, mit den Pflichtdiensten für die Spanier«, erläutert Elizabet Patiño vom bolivianischen Kinderschutzbund DNI. »Aber obwohl wir uns offensichtlich von den Spaniern befreit haben, gibt es heute einen internen Kolonialismus.« Die weiße oder mestizische Ober- und Mittelschicht habe sich in Sklavenhalter der eigenen, meist indianischen Landsleute verwandelt. »Es ist ganz üblich, dass eine Dame aus der Stadt ihre Vettern auf dem Land hat, deren Hochzeitspatin sie gewesen ist. Deren Kinder lässt sie dann in die Stadt kommen, um ihnen ein vermeintlich besseres Leben zu ermöglichen. Doch auch, wenn es mit in der Familie lebt, wird es keineswegs wie ein eigenes Kind behandelt, sondern ausgebeutet und nicht mal in die Schule geschickt«, erläutert Patiño, deren Organisation sich als Projektpartner von terre des hommes Deutschland stark in der bolivianischen Kampagne gegen Kinderhandel engagiert. Es werde fast als selbstverständlich angesehen, dass Mädchen oder junge Frauen in fremden Haushalten schuften, ohne dass man ihnen und ihrer Arbeit den nötigen Respekt entgegenbringt.

Einen Kritikpunkt an dem Gesetz haben viele Hausangestellten jedoch selbst verinnerlicht: dass eine Verpflichtung zu einer besseren Behandlung und Bezahlung der Hausangestellten ihre Arbeitsmöglichkeiten reduziert. Denn in der Tat, ob in Haushalten, in kleinen Werkstätten, im Kleinhandel, in Restaurants oder auch in der Landwirtschaft: In der Mehrzahl der Fälle kommen die Ausbeuter gehandelter Kinder in Bolivien selbst aus ärmeren Schichten. Und der Übergang zwischen Ausbeutung und Hilfe in einer Notsituation ist fließend. Wie soll eine Familie, die selber am Existenzminimum lebt, imstande sein, den gesetzlichen Mindestlohn zu zahlen? Klar ist, dass in solchen Notgemeinschaften schwer zu erreichen ist, wovon auch die meisten Eltern träumen, die ihre Kinder in die Stadt schicken: dass sie es im Leben einmal besser haben als sie selbst.

Die Geschichte von Christina

Christina aus der Landgemeinde Aiquique im Bezirk La Paz ist 16 Jahre alt und hat es bis zum 7. Schuljahr gebracht. Der Vater arbeitet als Lastenträger, die Mutter als Hausangestellte. Mit dem, was Christina beim Verkauf von Obst und Gemüse auf einem Markt in La Paz verdient, unterstützt sie ihre Familie. Vor Jahren schien sich eine große Chance zu bieten: Ihre Eltern hatten die Besitzerin einer Importfirma aus Santa Cruz kennen gelernt, die auf einer Urlaubsreise durch ihr Dorf gekommen war. Die Frau bot an, dass Christina »in den Schulferien« bei ihr arbeiten und etwas verdienen könnte.

Ein Angebot mit Hintergedanken: »Sie ließen mich um 6 Uhr morgens aufstehen, um das Haus zu reinigen, zu kochen, zu bügeln und die ganze Familie zu versorgen. Manchmal konnte ich erst um 14 Uhr etwas zu Mittag essen. Abends dann musste ich die Räume der Importfirma reinigen. Das ging bis etwa um 21 Uhr. Wenn ich damit fertig war, ging ich zurück in das Wohnhaus, um bis Mitternacht die Wäsche zu waschen.«

Ein Jahr lang arbeitete Christina unter diesen Umständen,

die Wochenenden inbegriffen. Wenn Christina nach ihrem Lohn fragte, hieß es, den habe man schon den Eltern gezahlt. Gelegentlich kaufte die Chefin Altkleider für Christina. Die wollte zurück in ihr Dorf. Aber ohne Geld. Die Chefin versprach ihr, sie in den nächsten Ferien zurückzubringen.

Gehen ließ man sie jedoch erst, als eines Tages der Ehemann der Chefin betrunken nach Hause kam und versuchte, Christina zu vergewaltigen. »Ich spülte in der Küche das Geschirr. Der Chef kam herein, schaltete das Licht ab, ich wehrte mich, schrie. Die Chefin kam angelaufen. Der Mann war bereits nackt. Und statt mit ihrem Mann zu schimpfen, wurde sie zornig auf mich.«

Am Tag darauf wurde sie ohne jede Entlohnung aus dem Haus geworfen. Nicht einmal ihre Habseligkeiten durfte sie mitnehmen. Christina lebt heute wieder mit ihren Eltern.
Quelle: DNI-Bolivia (Hrsg.), »La necesidad nos hace complices«, Cochabamba 2001.

Schuftende »Touristen« und mangelnde Alternativen

Viele hoffnungsvolle Blicke richten sich daher auf die Nachbarländer. Laut Statistik kommen die Hälfte der etwa 10 000 Kinder, die jährlich »legal« als Touristen das Land verlassen, aus armen Landgemeinden, deren Familien für Tourismus ganz sicher kein Geld übrig haben. Es ist daher davon auszugehen, dass die Kinder in Chile in der Landwirtschaft, im Bausektor oder als Hausangestellte, in den Plantagen im Norden und in Werkstätten oder Fabriken in der Hauptstadt Argentiniens Arbeit suchen. Sie reisen auch nicht nach Brasilien, um in Rio oder Santos am Strand zu baden, sondern um in den Textilfabriken von São Paulo zu schuften. Über die Zahl der Kinder, die zusätzlich illegal die Grenze überschreiten, kann nur spekuliert werden. Doch ist es wahrscheinlich nicht übertrieben, wenn man davon ausgeht, dass einer von 200 der 10- bis

18-jährigen Bolivianerinnen und Bolivianer im Ausland ist, um Geld zu verdienen.

Wie der Journalist Jorge Lazzo am Beispiel der Kinder aus der Chipaya-Kultur recherchiert hat, die in Chile arbeiten, kann extreme Ausbeutung verhindert werden, wenn solche Arbeitsimmigration im Rahmen familiärer und ethnischer Netzwerke stattfindet, die einen gewissen Schutz bieten. Während in den Chipaya-Gemeinden am malerischen, aber von Chemikalien aus der Bergwerkswirtschaft vergifteten und nun fischarmen Poopo-See die Alten sowie einige Frauen mit kleinen Kindern zurückbleiben, können die älteren Chipaya-Jungen und -Mädchen, die in Chile für ihre landwirtschaftliche Geschicklichkeit bekannt sind, aber zu Hause über keine Ländereien verfügen, bis zu 300 Dollar im Monat verdienen. Weit überdurchschnittlich für bolivianische Verhältnisse. Aber auch hier, so Lazzo, sind die Abhängigkeitsverhältnisse nicht immer eindeutig. Die Kinder sagen »Onkel« zu den Kontaktleuten, die sie an die Agrarbetriebe auf der chilenischen Seite vermitteln, in denen Gemüse, Obst oder auch Blumen für den Export angebaut werden. Oft sind diese Kontaktleute auch tatsächlich Chipaya.

Spärlicher ist der Lohn für die Jungen, die zum Beispiel aus dem Norden von Potosí über Bauernmärkte vermittelt und von Lastwagenfahrern nach Chile gebracht werden. Viele tun das, was sie auch zu Hause getan hätten: Vieh hüten. Die Mädchen suchen vor allem Arbeit als Hausangestellte in den Städten. Nicht einmal umgerechnet 30 Euro im Monat verdienten diese Kinder im Durchschnitt, berichtet Jorge Lazzo. Er hat die Kinder in Chile aufgesucht und sich auch dafür eingesetzt, dass sie in Chile, wenn sie von den Behörden entdeckt werden, nicht in Abschiebegefängnisse gesteckt, sondern durch eine bessere Koordination zwischen den Sozialeinrichtungen bei ihrer Rückführung in die Heimat unterstützt werden.

Doch auch der engagierte Journalist aus Oruro weiß, dass es eher die Notlage in der Herkunftsfamilie als die Arbeitsbedingun-

Schätzungsweise 800 000 Kinder in Bolivien müssen arbeiten, zum Beispiel in Bergwerken. Viele lassen sich zu ausbeuterischen Arbeiten in den Nachbarländern anwerben, weil sie auf einen guten Verdienst und ein besseres Leben hoffen. Foto: Timo Nasseri

gen selbst sind, die den Kindern und Jugendlichen ihre Situation akzeptabel oder gar verlockend erscheinen lassen.

Als in einem Fall eine Gruppe von Heranwachsenden befreit werden sollte, die in einer Textilfabrik in Buenos Aires ohne ausreichende Beleuchtung und Belüftung eingeschlossen schuftete und sogar im Produktionsraum schlafen musste, wollten die meisten gar nicht nach Bolivien zurück. Sie hofften, in dem Loch noch einige Zeit weiter Geld ansparen zu können. Wo in Bolivien würden sie so viel verdienen können?

Die Geschichte von Josefina

Josefina hat es bis ins 5. Schuljahr geschafft. Heute ist sie 18. Zusammen mit ihren Eltern und Geschwistern zog sie von Oruro nach Cochabamba, wo sie im Haus eines Menschen wohnten, der damals in der Provinz Varela in Argentinien lebte. Der Vater ist Maurer, die Mutter Hausangestellte. Irgendwann konnten sie das Geld für die Miete nicht mehr begleichen. Der Besitzer, Don Simón, schlug vor, dass die 14-jährige Josefina zum Ausgleich mit ihm nach Argentinien kommen solle, um dort als Hausangestellte zu arbeiten. Sie würde dann sogar noch Geld nach Hause schicken können.

Drei Monate blieb Josefina bei Don Simón. Der einzige Lohn: Sie wurde von der Hausherrin geschlagen, von Don Simón vergewaltigt und geschwängert. Josefina floh aus dem Haus nach Buenos Aires, in das Viertel Cobo, das dafür bekannt ist, dass Kinder hier ihre Arbeitskraft anbieten. Josefina arbeitete in drei Textilbetrieben, zwei davon im Besitz von Bolivianern. »Am Anfang behandelten sie mich gut und versprachen uns Bezahlung, aber dann ließen sie uns bis zum Morgengrauen arbeiten. An manchen Tagen habe ich kaum mehr als drei Stunden geschlafen. Dazu war das Essen noch schlecht.« Josefina arbeitete auch bei einer Koreanerin als

Kindermädchen. »Sie war wie eine Mutter für mich.« Hier konnte sie das Geld für die Rückkehr nach Bolivien zusammensparen.
Quelle: DNI-Bolivia (Hrsg.), »La necesidad nos hace cómplices«, Cochabamba 2001.

Von Preisen für Kaffee und Menschen

Dass das Unbekannte auf alle Fälle nur besser sein kann als das, was sie zurücklassen, glauben auch viele Mädchen aus den Provinzen von Kolumbien. Wenn eine von ihnen in der internationalen Abflughalle am Flughafen von Bogotá »El Dorado« auf den Abflug ins Ausland wartet, dann kann es jedoch leicht geschehen, dass sie beobachtet wird. Manchmal sind es aber keine interessierten Männeraugen, auch kein Sicherheitspersonal, sondern Mitarbeiterinnen der Stiftung Esperanza, so wie Maria Esperanza Joves. Sie teilt mit ihrem Arbeitgeber nicht nur den Namen, sondern auch die Ideale. Esperanza heißt Hoffnung. Jahrelange Arbeit gegen den internationalen Frauenhandel haben den Blick der Mitarbeiterinnen geschärft. Und seit sie die Kampagne gegen Kinderhandel in Kolumbien koordinieren, werfen sie ein besonderes Auge auf Mädchen unter 18, die sich womöglich in verdächtiger Begleitung oder mit gefälschten Altersangaben in ihrem Pass anschicken, in die USA, nach Kanada, nach Japan oder nach Europa zu fliegen.

Kolumbien gilt seit langer Zeit als eines der Hauptherkunftsländer gehandelter Frauen, und darunter sind immer wieder auch Minderjährige. Dass selbst aus armen Randvierteln von Medellín, aus denen viele Jugendliche sonst nicht einmal für einen Kinobesuch herauskommen, dass selbst aus kolumbianischen Konfliktregionen oder abgelegenen Kaffeeanbauzonen Meldungen von Mädchen kommen, die zum Beispiel auf spanische Ferieninseln verfrachtet wurden, zeigt zweierlei:

Zum einen ist Kinderhandel zum Zwecke der sexuellen Ausbeutung keine Nebenerscheinung und kein Zufallsereignis, sondern wird von internationalen Banden organisiert.

Zum anderen wird deutlich, dass der Kinderhandel sehr viel mit der Wirtschaftskrise, mit dem Niedergang der Industrie etwa in Medellín, mit verfallenden Rohstoffpreisen und Naturkatastrophen im Kaffeegürtel Kolumbiens und auch mit dem sozialen und politischen Verfall des Landes im Zuge des schon fünf Jahrzehnte andauernden Krieges zu tun hat.

So ist es angesichts der familiären und wirtschaftlichen Situation oft gar nicht so leicht für Maria Esperanza Joves, zumal am Flughafen, die oft bereits bei ihrem Begleiter verschuldeten Minderjährigen davon zu überzeugen, dass die verlockenden Angebote von einer gut bezahlten Arbeit als Kinderfrau, Hausangestellte oder zur Pflege älterer Damen im Ausland ihre Haken haben. Die Händlerringe suchen bevorzugt 14- bis 25-Jährige mit geringer Schuldbildung, die arbeitslos sind, allein erziehend, deren Familienzusammenhalt schwach ist und die in der Familie misshandelt werden. Je verletzlicher das Opfer, desto leichter ist es zu manipulieren.

Verbrechen am Strand oder auf hoher See

Die Mädchen, die ins Ausland gehen, sind allerdings in der Minderzahl. Stark zunehmend ist die sexuelle Ausbeutung von Kindern in Kolumbien selbst, vor allem in den Feriendomizilen an der Karibikküste. Täter sind hier vorwiegend Touristen. Die Stiftung Esperanza hat in ihrer Aufklärungsarbeit deshalb ein Schwergewicht auf die Stadt Cartagena gelegt. Von der »Perle der Karibik« aus verlassen Boote mit Mädchen den Hafen, um sich auf hoher See den Kreuzfahrt- und Frachtschiffen anzudienen, so Joves.

Ein anderes Touristenzentrum ist Santa Marta. »Ich bin 14 Jahre alt, habe zwei jüngere Geschwister und meine Mama«, berichtet ein Mädchen. »Ich fand einfach keine Arbeit, bis Yury, meine beste

Freundin, mich einlud, 40 000 Pesos [umgerechnet etwa 20 Euro] pro Tag zu verdienen, Hinreise, Unterkunft und Verpflegung schon abgerechnet, denn die wären sozusagen umsonst. Kurzum, sie versprach mir ein besseres Leben. Ich sagte zu und um 11 Uhr fuhren wir dann nach Santa Marta ab. Aber kaum waren wir da, merkte ich, dass das alles nicht so war, wir sie es mir ausgemalt hatte. Ich durfte nicht aus dem Haus. Sie gaben mir nur Frühstück, und das, was ich mit Prostitution verdienen musste, nahmen sie mir wieder ab. Alles steckte die Hausbesitzerin ein, selbst die Kleidung, die ich mitgebracht hatte, haben sie mir gestohlen. Nach 20 Tagen konnte ich glücklicherweise fliehen und kam nach Medellín zurück, traurig, meiner Träume beraubt, ohne Geld und in einer schlimmeren Situation als zuvor.«[19]

Oft sind es, wenn nicht Personen aus dem Milieu selbst, Modellagenturen oder Jobbörsen, die als Vermittler auftreten. Zwei Mädchen aus Medellín, die sich als Fotomodelle beworben hatten, mussten wenig später entdecken, dass sie mit ihren Fotos auf ausländischen Internetseiten für sexuelle Dienste angeboten wurden.

Wut auf das Wirtschaftsmodell

Die Zahl sexuell ausgebeuteter Kinder und Heranwachsender in Kolumbien hat sich laut Schätzungen der Ombudsstelle für Jugendliche seit 1998 versechsfacht und erreichte im Jahr 2001 die Zahl von 25 000 Kindern. Es gibt Fälle wie den der 14-jährigen Amalia, in denen die Eltern selbst keine andere Alternative mehr sahen, als die Kinder in die Prostitution zu treiben: »Eines Tages kam eine elegant gekleidete Frau zu uns nach Hause«, erzählt Amalia, »eine von denen, die sich sehr stark schminken. Sie hat mit meinem Vater und meinem ältesten Bruder gesprochen.« Wenige Tage später sei ihr Vater mit neuen Kleidern und Schminkutensilien nach Hause gekommen: »Du wirst nichts Schlimmes tun. Es

19 *Alto al tráfico*, a. a. O.

ist auch nur für einige Tage, bis sich unsere Situation etwas gebessert hat. Danach kommst du zurück nach Hause, als sei nichts passiert.« Kurz darauf verdiente Amalia ihr erstes Geld. »In dieser Nacht wollte ich mich waschen, um dieses Gefühl von Schmutz, das mich von innen erfüllte, loszuwerden. Aber ich konnte mich nicht mal sauber machen, denn in dem Haus, in dem wir untergebracht waren, gab es gerade kein Wasser. Nun, es gab eigentlich nie Wasser.« Und Amalia kehrte auch nie mehr nach Hause zurück.[20]

Trotz aller Aufklärung, trotz allen Engagements von sozialen Institutionen, letztlich zeigt sich – ob in Kolumbien oder in Bolivien –, dass es immer auch um den Gegensatz von Arm und Reich geht. Und obwohl immer mehr Fälle von Mittelschichtsmädchen bekannt werden, die sich prostituieren, so sind es in der Regel die Reicheren, die sich die Körper der Ärmeren kaufen.

Kein Schutz von der Polizei

Elizabet Patiño vom bolivianischen Kinderschutzbund sieht die Verantwortung vor allem in der rücksichtslosen Wirtschaftspolitik, die die staatliche Sozialpolitik zu einer Randerscheinung hat werden lassen. »Vor zwei Jahren«, berichtet Patiño, »hatten wir einen Fall in der Tieflandmetropole Santa Cruz. Zwei Mädchen aus einem Bordell hatten den Mut, eine Anzeige zu erstatten und uns zu Hilfe zu rufen.« Als der Kinderschutzbund dann eingriff, leisteten die Zuhälterinnen überhaupt keinen Widerstand. »Hier habt ihr die Mädchen«, hieß es. »Kümmert ihr euch jetzt darum, dass sie ein besseres Leben haben.« Daher komme ihre Wut auf das herrschende Wirtschaftssystem, meint Patiño, denn das biete den Mädchen, die in sklavenähnlichen Verhältnissen lebten, tatsächlich kaum Alternativen.

Elizabet Patiño weiß nur zu gut, wie das Geschäft in Bolivien

20 *Alto al tráfico*, a. a. O.

läuft: Die Kinderhändlernetze schicken Mittelspersonen in Dörfer, wo diese bekannt sind. Sie versprechen den Mädchen bessere Lebensbedingungen und eine anständige Arbeit, um ihre leichtgläubigen Opfer dann in andere Landesteile zu bringen, etwa in die Departementshauptstadt Cochabamba oder in die Kokaanbau- und Touristenregion des Chapare, in der viele Soldaten stationiert sind. Dort wird auch durch den Drogenhandel viel Geld bewegt. Bei der verheißenen Arbeit handelt es sich dann oft schlicht um Prostitution. »Viele werden in Kneipen beschäftigt, die nach außen als Kneipen funktionieren, doch in den Zimmern hinter den Spelunken werden die Mädchen von den Besuchern sexuell ausgebeutet«, berichtet Patiño. Es sei schwer, dort wieder herauszukommen, weil die Zuhälter oft den Lohn nicht auszahlten und sich eine ganze Reihe von Mädchen angeblich bei ihnen verschuldet hätten. Doch auch die Angst hindert sie am Weglaufen: Einige werden bedroht, andere wagen aus Scham nicht, Außenstehenden von ihrer Situation zu berichten. Vertrauen in die Polizei haben ohnehin die wenigsten.

Es ist ein offenes Geheimnis, dass diese mit den Zuhältern oft unter einer Decke steckt. So hat die Polizei lange Zeit in Cochabamba für 12- und 13-Jährige, bei denen jeder trotz aller Schminke das Alter erahnen konnte, jahrelang die für Prostituierte staatlich geforderten Lizenzen ausgestellt. »Gewiss nicht, um den Mädchen zu einem Einkommen zu verhelfen«, weiß Patiño. Korruption ist auch hier das Stichwort. Denn als die Lizenzpflicht für Prostituierte abgeschafft wurde, habe die Polizei protestiert und gesagt, egal, was in dem Bereich passiere, sie würden nicht mehr eingreifen. »Als ob es nicht ihre Pflicht sei, alle Menschen zu schützen. Es war ihre Rache, weil man ihnen eine Einkommensquelle genommen hatte«, ereifert sich die Kinderrechtlerin, deren Telefon auch schon einmal abgehört wird, wenn sie straffällig gewordenen Mitarbeitern staatlicher Stellen auf der Spur ist.

Hat sie keine Angst vor Repressalien der Kriminellen, wenn sie etwa bei einer Großaktion, diesmal zusammen mit der Polizei, 150 minderjährige Frauen aus Bordellen befreit? Ja, oft fühle sie sich wie David gegen Goliath. Und in manchen Phasen gehe sie nur in Begleitung aus dem Haus. Aber mehr Sorge macht Elizabet Patiño, was anschließend mit den Mädchen geschieht. Deshalb sei für ihre Institution, den Kinderschutzbund DNI, neben solchen konkreten Aktionen die Überzeugungsarbeit in Richtung einer anderen Wirtschaftspolitik sowie einer besseren staatlichen Sozialpolitik so wichtig. Denn was könne sie tun, wenn von den befreiten Mädchen dann umgehend Fragen kommen wie: »Was soll nun mit meinem kleinen Bruder geschehen, der in die Schule gehen muss, und was mit meiner Familie, die auf das Geld, das ich verdient habe, angewiesen ist?«

Mitarbeit: Claudia Berker

KINDERHANDEL IN SÜDAMERIKA

Zwecke des Kinderhandels

- Sexuelle Ausbeutung
- Ausbeutung durch Arbeit
- Kommerzielle Adoption

Sexuelle Ausbeutung

- Bereits 12-Jährige werden gezwungen, als Prostituierte in Kneipen und Bars der größeren Städte und Touristenorte zu arbeiten. Häufig kommen die Mädchen vom Land. Ihr Verdienst wird ihnen vorenthalten, doch die Angst hindert sie zu fliehen. Oft deckt die Polizei das Geschäft der Zuhälter.

Ausbeutung durch Arbeit

- Kinder und Jugendliche arbeiten im Haushalt, in der Landwirtschaft, im Straßenhandel sowie im handwerklichen und industriellen Bereich. Die Arbeitszeit beträgt teilweise mehr als 12 Stunden täglich. Ein vollkommen arbeitsfreier Tag ist nicht in allen Fällen vorgesehen. Die Kinder und Jugendlichen sind Strafen, Schlägen, Beschimpfungen, psychologischer Gewalt oder sexuellem Missbrauch durch ihre jeweiligen »Arbeitgeber« ausgesetzt. Schulbesuche werden den Kindern, selbst wenn dies Teil einer Abmachung war, oftmals erschwert oder vollständig verweigert. Kontakt zu den Eltern wird den Kindern selten oder überhaupt nicht ermöglicht.

Kommerzielle Adoption

- Babys werden unter Umgehung der Adoptionsgesetzgebung ins Ausland vermittelt. Dazu werden Kinder aus Krankenhäusern entführt oder die mittellosen Mütter unter Druck gesetzt, bis sie ihr Kind abgeben. Wie viele Kinder auf diesen oder anderen Wegen jährlich als Adoptionskinder verkauft werden, ist nicht erfasst.

Routen und Zielländer

- Bolivien ist Herkunftsland von Kindern. Diese werden auf folgenden Routen gehandelt:
- Von Bolivien nach Argentinien (Arbeit in Kleiderfabriken)
- Nach Brasilien und Chile (Arbeit/Zwangsarbeit)
- Zur Adoption in die USA und in die westeuropäischen Länder
- Innerhalb Boliviens aus dem Hochland zur Ernte in die Zuckerrohrgebiete
- Kolumbien
- Innerhalb Kolumbiens und in andere Länder zur sexuellen Ausbeutung

Personen(gruppen), die in Kinderhandel involviert sind

- Eltern, Verwandte, Bekannte, Nachbarn, Freunde
- Unbekannte (professionelle) Mittelspersonen
- Arbeitgeber
- Behördenvertreter, Politiker, Juristen
- Mitarbeiter im Gesundheitswesen

- Mitglieder organisierter Banden
- Kinderheime
- Adoptionsagenturen

Faktoren, die Kinderhandel begünstigen

- Die fehlende Bereitschaft der Behörden, gegen den Handel mit Kindern und gegen die beteiligten Personen mit den vorhandenen legalen Mitteln vorzugehen.
- Mangelnde Information über die Ursachen und Hintergründe von Kinderhandel. Oftmals wird dieser nur im Zusammenhang mit weiteren Delikten wie Entführung, Kindsraub, Drogen- oder Organhandel als illegale Praxis wahrgenommen.
- Fehlende staatliche, kommunale oder private Statistiken über Kinderhandel in Bolivien. Die fehlenden Statistiken und ein mangelndes Interesse an diesem Thema sowie eine kaum feststellbare Zusammenarbeit der verschiedenen Behörden verhindern eine breite öffentliche Thematisierung.
- Die schlechte ökonomische Situation der Herkunftsfamilien. Über 50 Prozent der Kinder und Jugendlichen kommt aus den ländlichen Gebieten. Die Herkunftsfamilien haben im Durchschnitt 6 Kinder, aber nur ein geringes Einkommen. Arbeitende Kinder bedeuten somit eine Entlastung der finanziellen Situation der Familien, sei es, dass sie Geld verdienen, oder dass sie nicht mehr zu Hause wohnen.
- Toleranz des sozialen Umfelds für die Entscheidung, Kinder zur Arbeit zu Verwandten, Bekannten oder über Vermittler zu unbekannten Arbeitgebern zu schicken.
- Adoptionshandel:
  Mangelnde Sicherheitsvorkehrungen in den öffentlichen Gebäuden des Gesundheitswesens (Krankenhäuser, Geburtskliniken, Gesundheitszentren etc.) oder Schulen und daraus resultierende Möglichkeiten, Kinder zu entführen.
  Illegale oder geheime Kinderheime, die einen Rahmen für den Handel mit Kindern und Jugendlichen bieten können.
  Beteiligung von Rechtsanwälten, Richtern, Angestellten der Gemeindeverwaltungen an illegalen Adoptionen. Eine Zusammenarbeit von Mitgliedern dieser drei Berufe ermöglicht das Ausstellen von falschen Identitätspapieren, die eine problemlose Adoption und Ausreise ermöglichen. So werden z. B. entführte Kinder von Angestellten der Behörden mit falschen, auf den Namen der Entführer lautenden Pässen versehen.
  Beteiligung von Beschäftigten des Gesundheitswesens an illegalen Adoptionen durch Hinweise auf Schwangere oder junge Mütter, die ihr Kind zur Adoption freigeben wollen.
  Das hohe Ansehen der potenziellen Adoptiveltern aus den Industriestaaten, verbunden mit der Hoffnung, den Kindern eine bessere Zukunft zu ermöglichen.

Die wachsende Nachfrage nach Adoptivkindern in den Industriestaaten.
Ungewollte Schwangerschaften und fehlende begleitende Hilfe durch die Familie oder durch die Gesellschaft.

Quellen:
»Tráfico de niños, niñas y adolescentes con fines de explotación laboral en Bolivia«, Defensa de Niños Internacional (DNI), Cochabamba 2001.
»Mama, cuánto pagaste por mi? Una aproximación a los factores psicosociales e institucionales facilitadores del tráfico de niños y niñas en Cochabamba, Infante/terre des hommes Deutschland, Cochabamba 2001.

DIE AUTORINNEN UND AUTOREN

Claudia Berker, geboren 1971, Studium der Anglistik, Geschichte und Romanistik in Marburg, London und Grenoble, nach Zeitungsvolontariat tätig als Redakteurin bei einer Nachrichtenagentur. Seit 2001 bei terre des hommes Deutschland zuständig für Presse- und Öffentlichkeitsarbeit zur Internationalen Kampagne gegen Kinderhandel, mehrere Reisen und Arbeitsaufenthalte in Asien, Südamerika, Südosteuropa. Sie lebt bei Osnabrück.

Kathyayini Chamaraj, geboren 1950 in Mysore City (Indien), Universitätsabschlüsse in Pädagogik und Journalismus, lebte zwischen 1973 und 1984 in Deutschland, kehrte dann nach Indien zurück und arbeitet seit 1987 als freie Journalistin für verschiedene überregionale Zeitungen des Landes. Ihre Schwerpunktthemen sind ungeschützte Arbeitsverhältnisse, Kinderarbeit und Schulbildung, zu denen sie auch Lobbyarbeit betreibt. Kathyayini Chamaraj hat 1998 den Journalism for Human Rights Award gewonnen. Der in diesem Buch abgedruckte Beitrag erschien in ungekürzter Form in der Zeitschrift *Der Überblick* (1/2002). Nachdruck mit freundlicher Genehmigung der Autorin.

Heinrich Gasser, geboren 1956, Soziologe und Wirtschaftswissenschaftler, arbeitet als freier Journalist in Italien und der Schweiz. Er ist außerdem publizistischer Berater verschiedener Non-Profit-Organisationen. Heinrich Gasser lebt in Bern (Schweiz) und Viterbo (Italien).

Hans-Martin Grosse-Oetringhaus, geboren 1948, Lehrerstudium; Pädagogikdiplom, Promotion, 10 Jahre lang Lehrbeauftragter zu Pädagogik der Dritten Welt an der Universität Münster, Mitarbeiter am Deutschen Institut für Wissenschaftliche Pädagogik. Seit 1984 als Referent »Globales Lernen« beim Kinderhilfswerk terre des hommes, mehrere Arbeits- und Studienaufenthalte im Ausland, Verfasser zahlreicher Kinder- und Jugendbücher, Romane und Sachbücher. Er lebt in Duisburg.

Hans Hielscher, geboren 1936, ausgewiesener Kenner Afrikas und Beobachter der Entwicklungen in der Region seit den 60er-Jahren. Studierte in Leipzig und Münster Publizistik, 1962 bis 1964 arbeitete er in Nigeria, anschließend ging er als Redakteur zum Afrika-Programm der Deutschen Welle nach Köln. *Der Spiegel*, dem er von Ende 1969 bis Januar 2002 angehörte, schickte ihn als Korrespondent nach Washington und London. Im Auslandsressort des Magazins war er jahrelang für die Afrika-Berichterstattung zuständig. Hielscher publiziert außerdem regelmäßig in Fachzeitschriften und Büchern. Er lebt in Hamburg.

Monika Hoegen, geboren 1963, arbeitete als Redakteurin beim Kölner Stadtanzeiger, seit 1995 freie Journalistin für überregionale Hörfunksender und Tageszeitungen mit dem Schwerpunkt soziale und politische Reportagen aus Ländern des Südens. Sie lebt in Köln.

Jörn Klare, geboren 1965. Nach Abitur und Zivildienst Regiestudium, eigene Inszenierungen in Deutschland, der Schweiz und Österreich. Seit Anfang der 1990er-Jahre journalistische Reisen in viele Länder der Welt, regelmäßige Veröffentlichungen für die verschiedenen Rundfunkanstalten der ARD, außerdem Beiträge in Printmedien wie *Frankfurter Rundschau, Die Zeit* oder *Der Spiegel*. Jörn Klare lebt in Berlin.

Sonja Matheson, geboren 1971, aufgewachsen in Deutschland und der Schweiz. Ausbildung zur Verlagsbuchhändlerin und Journalistin. Mehrere Jahre als Journalistin im Bereich Kultur und Gesellschaft tätig. Mitarbeit in zahlreichen sozial- und kulturpolitischen Projekten in der Schweiz. Seit 1998 bei terre des hommes Schweiz tätig als Kampagnenleiterin, seit 2001 Mitglied der Geschäftsleitung. Verschiedene Recherchereisen nach Afrika und Zentralamerika zu folgenden Themen: Straßenkinder, Kinderarbeit, sexuelle Ausbeutung von Kindern und Jugendlichen. Seit 2001 Aufbau einer Kampagne zur Problematik der Hausmädchen. Sie lebt in Basel.

Uwe Pollmann, geboren 1959, Soziologe, als freier Journalist für mehrere ARD-Anstalten sowie verschiedene Zeitschriften tätig, seit vielen Jahren ehrenamtlicher Mitarbeiter im Welthaus Bielefeld, mehrere Buchveröffentlichungen über Kinderarbeit und Straßenkinder. Er lebt in Bielefeld.

Birgit Schwarz, geboren 1956, Studium der Anglistik und Romanistik in Aachen, Aberystwyth (University of Wales), Vancouver (Kanada). Mitarbeit bei *Die Zeit* (Dossier), dpa Seoul, Südkorea, WDR. Seit

April 1993 beim *Spiegel*, zunächst als Asienredakteurin und seit 1997 als Afrikakorrespondentin in Johannesburg; Reportagen u. a. aus Afghanistan und Pakistan, aus Ruanda, Somalia, Simbabwe und dem Kongo; Titelgeschichte zum Thema Kinderarbeit; mehrere Reportagen über Kindersoldaten, Frauen und Islam.
Der in diesem Buch abgedruckte Beitrag »Mit Leib und Seele verpfändet« entstand im Auftrag des *Spiegels*. Abdruck mit freundlicher Genehmigung des Verlages.

PETER STRACK, geboren 1958. Nach Ausbildung zum Krankenpflegehelfer und freiwilligem Jahr im SOS Kinderdorf in Bolivien ab 1980 Studium der Soziologie in Frankfurt und Bielefeld, Mitarbeit an sozialpolitischen Forschungsprojekten, journalistisch tätig bei der Zeitschrift für internationalen Kulturaustausch (IKA) sowie einem Radioprojekt in Chiquitos (Ostbolivien). Nach der Promotion zur Kultur- und Sozialgeschichte von Chiquitos wissenschaftlicher Mitarbeiter der Universität Erlangen-Nürnberg, dann von 1991 bis 1996 im Pressereferat von terre des hommes in Osnabrück tätig. Zahlreiche Veröffentlichungen zu Kultur und Politik Lateinamerikas, seit 1996 Regionalkoordinator des Andenbüros von terre des hommes in Cochabamba, Bolivien.

WEITERFÜHRENDE LITERATUR

Sachbücher

Bridget Anderson, *Britain's Secret Slaves: An Investigation into the Plight of Overseas Domestic Workers in the United Kingdom,* Human Rights Series, No. 5: Anti-Slavery International & Kalayaan, London 1993

Pino Arlacci, *Ware Mensch: Der Skandal des modernen Sklavenhandels,* Piper Verlag, München 1999

Kevin Bales, *Die neue Sklaverei,* Verlag Antje Kunstmann, München 2001

Tullio Bandini, *Infanzia e abuso sessuale,* Giuffrè, Milano 2000

Martin Block (Hrsg.), *Tatort Manila: Tourismus und Kinderprostitution,* Rowohlt, Reinbek bei Hamburg 1998

Vera M. Britto, *Making the harm visible: the global sexual exploitation of women and girls,* Coalition Against Trafficking in Women, 1999

Kerstin Brünenberg et. al., *Mit und ohne Ketten: Sklaverei und Abhängigkeit in 2 Jahrtausenden* (Begleitbuch zur Sonderausstellung im Westfälischen Museum für Naturkunde in Münster), Linden Print & Media GmbH, Münster 2001

Wolfgang von Buch, *Wir Kindersoldaten,* Siedler Verlag, Berlin 1998

Debbie Budlender/Dawie Bosch, »South Africa – Child Domestic Workers: A national Report«. ILO, Genf 2002

Wensley Clarkson, *Versklavt in gutem Hause. Erschütternde Schicksale junger Frauen mitten unter uns,* Goldmann Verlag, München 1999

Jo Doezema and Kamala Kempadoo (Eds.), *Global Sex Workers: Rights, Resistance and Redefinition,* Routledge, New York and London 1998

Detlef Drewes, *Kinder im Datennetz – Pornographie und Prostitution in den neuen Medien,* Eichborn Verlag, Frankfurt am Main 1995

Judith Ennew, Kusum Gopal, Janet Heeran and Heather Montgomery, *Children and Prostitution: How Can We Measure and Monitor the Commercial Sexual Exploitation of Children?* Literature Review and Annotated Bibliography. A collaboration between UNICEF Headquarters, New York: Children in Especially Difficult Circumstances Section, Centre for Family Research, University of Cambridge, Childwatch International, Published by The Centre for Family Research, Cambridge, UK, & Childwatch International, Oslo 1996

Karin Evans, *The lost daughters of China: abandoned girls, their journey to America and the search for a missing past,* J. P. Tarcher/Putnam, New York 2000
Adolf Gallwitz und Manfred Paulus, *Die Kinder-Sex-Mafia in Deutschland: Täterprofile, Pädophilenszene, Rechtslage,* Ullstein Verlag, Berlin 1999
Adolf Gallwitz und Manfred Paulus, *Grünkram – die Kindersexmafia in Deutschland,* Verlag Deutsche Polizeiliteratur, Hilden 1997
Antje Grez, »Klaukinder – Rumänische minderjährige Flüchtlinge und Angebote der Jugendhilfe«, Diplomarbeit an der Fachhochschule Potsdam, 1999
Ron O'Grady, *Die Vergewaltigung der Wehrlosen,* Verlag Horlemann, Unkel/Rhein und Bad Honnef 1997
Guido und Michael Grandt, *Ware Kind. Missbrauch und Prostitution,* PatmosVerlag, Düsseldorf 1999
Christiaan Grootaert and Harry Anthony Patrinos (Eds.), *The policy analysis of child labor: a comparative study,* St. Martin's Press, New York 1999
Philip Jenkins, *Beyond Tolerance: Child Pornography Online,* New York University Press, New York 2001
James R. Kincaid, *Erotic Innocence: The Culture of Child Molesting,* Duke University Press, Durham 2000
Karin Koen/Bernadette Van Vuuren, *Children in Domestic Service. The Case of the Western Cape, South Africa.* terre des hommes Schweiz, Basel 2002
Susan Kuklin, *»Kommt mit und seid frei!« Iqbal Masih und der Kampf gegen Kindersklaverei,* Elefanten Press, München 2002
Ekkehard Launer u. a., *Zum Beispiel Sextourismus,* Lamuv Verlag, Göttingen 1993
Ekkehard Launer, *Zum Beispiel Dienstmädchen. Die unsichtbaren Dienerinnen der Welt,* Lamuv Verlag, Göttingen 1995
Manfred Liebel, Bernd Overwien, Albert Recknagel (Eds.), *Working children's protagonism: social movements and empowerment in Latin America, Africa and India,* IKO – Verlag für Interkulturelle Kommunikation, Frankfurt am Main, London 2001
Heather Montgomery, *Prostituting children in Thailand,* Berghahn Books, New York [u. a.] 2001
Rita Neubauer, *Als Danita nicht nach Hause kam. Kinderhandel in Lateinamerika,* Herder Verlag, Freiburg 1994
Utsa Patnaik, *Chains of Servitude: Bondage and Slavery in India.* Orient Longman, Hyderabad 1985
Christine Plüss, *Ferienglück aus Kinderhänden. Kinderarbeit im Tourismus,* Rotpunktverlag, Zürich 1999
Uwe Pollmann (Hrsg.), *Zum Beispiel Kinderarbeit,* Lamuv Verlag, Göttingen 1999
Andrea Rothe, *Männer-Prostitution-Tourismus. Wenn Herren reisen …*

Westfälisches Dampfboot, Münster 1997
Cathrin Schauer, *Sexuelle Ausbeutung von Kindern im deutsch-tschechischen Grenzraum* (Hrsg. von ECPAT Deutschland und dem Deutschen Komitee für UNICEF), Verlag Horlemann, Unkel/Rhein und Bad Honnef 2003
Bernd Schlemmer, *L'Enfant exploité*, Khartala, Paris 1996
Heinz G. Schmidt, *Kindermarkt. Reportagen vom schmutzigsten Geschäft der Welt*, Lenos Verlag, Basel 1992
Jeremy Seabrook, *Travels in the skin trade: tourism and the sex industry*, Pluto Press, London [u. a.] 1996
Jeremy Seabrook, *Keine mildernden Umstände. Sexuelle Ausbeutung von Kindern und internationale Strafverfolgung der Täter*, Limmat Verlag, Zürich 2002
Margit Stange, *Personal property. Wives, White Slaves, and the Market in Women*, Johns Hopkins Univ. Press, Baltimore, Md. [u. a.] 1998
Lenka Svejda-Hirsch, *Die indischen devadasis im Wandel der Zeit. »Ehefrauen« der Götter, Tempeltänzerinnen und Prostituierte*, Peter Lang Verlag, Bern/Frankfurt 1992
terre des hommes (Hrsg.), *Del abuso al olvido*, Cochabamba 2001
Klaus Voll (Ed.), *Against child labour: Indian and international dimensions and strategies*, Mosaic Books [u. a.], New Delhi 1999
Marjan Wijers and Lin Lap-Chew, *Trafficking in women, forced labour and slavery-like practices, in marriage, domestic labour and prostitution*, Foundation Against Trafficking in Women, Utrecht 1997
Gisela Wuttke, *Kinderprostitution, Kinderpornographie, Tourismus*, Lamuv Verlag, Göttingen 1998

Literarische Texte

Henriette Akofa, *Keine Zeit für Tränen. Mein Leben als Sklavin in Paris*, Verlag Ullstein, München 2001
Elmar Bereuter, *Die Schwabenkinder*, Herbig Verlag, München 2002
Buchi Emecheta, *Sklavenmädchen*, Roman, Peter Hammer Verlag, Wuppertal 1997
Ahmadou Kourouma, *Allah muss nicht gerecht sein. Erlebnisse eines Kindersoldaten*, Roman, Albrecht Knaus Verlag, München 2002
Mende Nazer/Damien Lewis, *Sklavin*, Lebensbericht, Schneekluth-Verlag, München 2002
Ken Saro-Wiwa, *Sozaboy*, Roman, dtv, München 1997

Jugendbücher

Ghazi Abdel-Qadir, *Mustafa mit dem Bauchladen*, Rowohlt Verlag, Reinbek bei Hamburg 1998
Rachel Anderson, *Beutejäger*, Weinheim [u. a.], Beltz & Gelberg, 2001
Tahar Ben Jelloun, *Die Schule der Armen*, Rowohlt Verlag, Berlin 2002
Dirk Bracke, *Blau ist bitter: Lina – Kinderprostituierte in Manila*, Rex Verlag, Stuttgart 1996
Hans-Martin Große-Oetringhaus, *Jogan haut ab. Kinderhandel in*

Indien, terre des hommes, Osnabrück 2002
Barbara Kimenye, *Prettyboy, beware*, East African Education Publ., Nairobi [u. a.] 1997
Unni Nielsen, *Ich bin nur eine Versandhausbraut*, Omnibus Verlag, München 2002
Frank Pavloff, *Prostitution: Verkaufte Kinder in Asien*, Elefantenpress, C. Bertelsmann Jugendbuch Verlag, München 2000
Rüdiger Siebert, *Insel im schwarzen Fluss. Die Geschichte einer verkauften Kindheit in Thailand*, terre des hommes, Osnabrück 2002
Lisa Tetzner, *Die schwarzen Brüder*, Verlag Sauerländer, Düsseldorf 2002
Ellen Tijsinger, *Sonnenkind: Ein indischer Junge in den Fängen von Kinderhändlern*, Verlag Urachhaus, Stuttgart 2000

ORGANISATIONEN

Nichtregierungsorganisationen

terre des hommes
Das entwicklungspolitische Kinderhilfswerk hat im Rahmen seiner Internationalen Kampagne gegen Kinderhandel zahlreiche Studien zum Handel mit Kindern in der Welt in Auftrag gegeben. Dort gibt es auch Informationen zu Möglichkeiten des Engagements gegen Kinderhandel.
www.tdh.de oder
www.stopchildtrafficking.org
Für die Schweiz:
www.tdh.ch (Zürich) oder
www.terredeshommes.ch (Basel)

Anti Slavery International
Kinderhandel als Ausdruck moderner Sklaverei ist auch ein Thema für Anti Slavery International:
www.antislavery.org

Human Rights Watch
Informationen zu Versklavung von Kindern und Erwachsenen in Afrika und Asien sowie dem internationalen Frauen- und Mädchenhandel gibt es unter www.hrw.org

Global March
Internationale Initiativen gegen Kinderhandel und Kinderarbeit finden sich unter www.globalmarch.org

Internationale zwischenstaatliche Organisationen

Internationale Arbeitsorganisation
Die Programme der Internationalen Arbeitsorganisation (ILO) zur Bekämpfung des Kinderhandels sind dokumentiert unter www.ilo.org

UNIFEM East and South East Asia
Unter www.unifem-eseasia.org finden sich umfangreiche Informationen zu Frauen- und Mädchenhandel in Südostasien.

International Organisation for Migration (IOM)
Die Internationale Organisation für Migration (IOM) bekämpft Menschenhandel und -schmuggel und hat einige Dokumentationen zu Europa, insbesondere Osteuropa, veröffentlicht: www.iom.int

UNICEF
Aktionen und Programme gegen Kinderhandel unterstützt auch UNICEF: www.unicef.org